无障碍读国学

道德经

道德经

老　子◎原著　　赵　萍◎主编

無障礙讀國學

吉林大学出版社

图书在版编目（CIP）数据

道德经／赵萍主编．—长春：吉林大学出版社，2010.3

（无障碍读国学）

ISBN 978-7-5601-5608-8

Ⅰ．①道…　Ⅱ．①赵…　Ⅲ．①道家②老子—注释　Ⅳ．①B223．12

中国版本图书馆CIP数据核字（2010）第054691号

书名：无障碍读国学　道德经

作者：赵萍　主编

责任编辑、责任校对：曲天真

封面设计：凤苑阁设计

吉林大学出版社出版、发行

北京中振源印务有限公司　印刷

开本：787×1092 毫米 1/16

2010年07月第1版

印张：10　　字数：150千字

2019年1月第5次印刷

ISBN 978-7-5601-5608-8

定价：29．80元

社址：长春市明德路421号　　邮编：130021

发行部电话：0431-88499826

网址：http：//www.jlup.com.cn

E-mail：jlup@mail.jlu.edu.cn

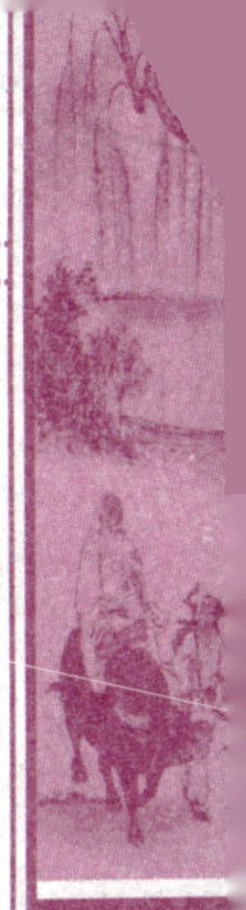

目 录 Contents

目 录 Contents

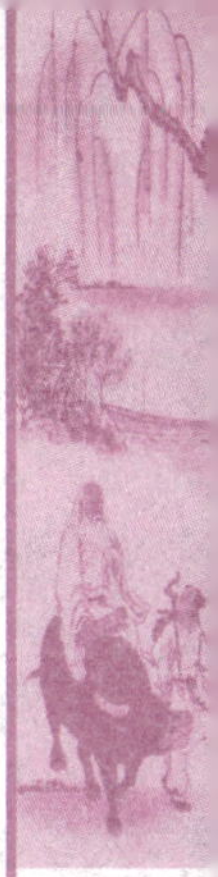

第一章

[原文]

道可道①也，非恒②道也。名可名③也，非恒名也。无名④，万物之始也；有名⑤，万物之母⑥也。故恒⑦无欲也，以观其眇⑧；恒有欲也，以观其所徼⑨。两者同出，异名同谓⑩。玄之又玄⑪，众眇之门⑫。

[译文]

“道”如果可以用言语来表述，那它就是常“道”（“道”是可以用言语来表述的，它并非一般的“道”）；“名”如果可以用文辞去命名，那它就是常“名”（“名”也是可以说明的，它并非普通的“名”）。“无”可以用来表述天地浑沌未开之际的状况；而“有”，则是宇宙万物产生之本原的命名。因此，要常从“无”中去观察领悟“道”的奥妙；要常从“有”中去观察体会“道”的端倪。无与有这两者，来源相同而名称相异，都可以称之为玄妙、深远。它不是一般的玄妙、深奥，而是玄妙又玄妙、深远又深远，是宇宙天地万物之奥妙的总门(从“有名”的奥妙到达无形的奥妙，“道”是洞悉一切奥妙变化的门径)。

[注释]

①第一个“道”是名词，指的是宇宙的本原和实质，引申为原理、原则、真理、规律等。第二个“道”是动词，指解说、表述的意思，犹言“说得出”。

②恒：一般的，普通的。

③第一个“名”是名词，指“道”的形态。第二个“名”是动词，说明的意思。

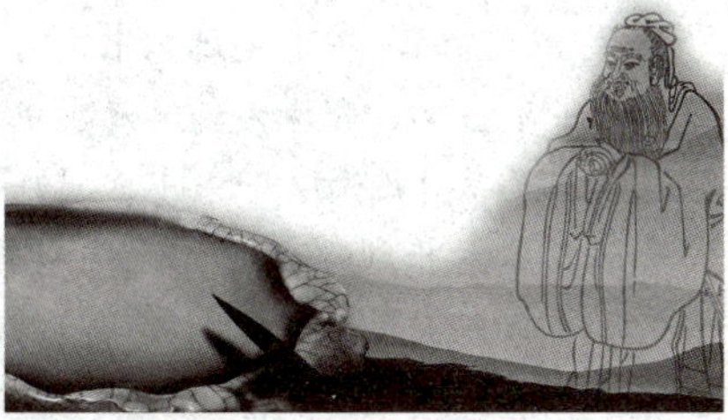

④无名：指无形。

⑤有名：指有形。

⑥母：母体，根源。

⑦恒：经常。

⑧眇（miào）：通“妙”，微妙的意思。

⑨徼（jiǎo）：边际、边界。引申端倪的意思。

⑩谓：称谓。此为“指称”。

⑪玄：深黑色，玄妙深远的含义。

⑫门：一切奥妙变化的总门径，此用来比喻宇宙万物的唯一原“道”的门径。

[引语]

老子破天荒提出“道”这个概念，作为自己哲学思想体系的核心。它的涵义博大精深，可从历史的角度来认识，也可从文学的方面去理解，还可从美学原理去探求，更应从哲学体系的辩证法去思维……

哲学家们在解释“道”这一范畴时并不完全一致，有的认为它是一种物质性的东西，是构成宇宙万物的元素；有的认为它是一种精神性的东西，同时也是产生宇宙万物的泉源。不过在“道”的解释中，学者们也有大致相同的认识，即认为它是运动变化的，而非僵化静止的；而且宇宙万物包括自然界、人类社会和人的思维等一切运动，都是遵循“道”的规律而发展变化。总之，在这一章里，老子说“道”产生了天地万物，但它不可以用语言来说明，而是非常深邃奥妙的，并不是可以轻而易举地加以领会，这需要一个从“无”到“有”的循序渐进的过程。

[评析]

在这一章里，老子重点介绍了他的哲学范畴——“道”。道的属性是唯物的还是唯心的？这是早已存在的一个问题，自古及今，它引起许多学者的浓厚兴趣。在历史上，韩非子生活的时代距离老子比较近，而且他是第一个为《道德经》作注的学者。关于什么是道，在《解老》中，韩非子这样说：“道者，万物之所（以）然也。万理之所稽也。理者成物之文也。道者万物之所以成也。故曰道，理之者也。”这表明，韩非子是从唯物的方面来理解老子的“道”的。在《史记》中，司马迁把老子与韩非子列入同传（还附有庄子、申不害），即认为韩、庄、申“皆原于道德之意，而老子深远矣”。汉代的王充在《论衡》一书中，同样认为老子的“道”的思想是唯物论的。但是从东汉末年到魏晋时代，情形有了变化。一些学者体会老子哲学所谓“天下万物生于有，有生于无”的妙义，肯定宇宙的本体只有一个“无”，号称玄学。随后佛学传入中国并渐渐兴盛起来，玄与佛合流，因而对“道”的解释，便倒向唯心论方面。宋明时期的理学家同样吸取了佛学与玄学思想，对老子的“道”，仍旧作了唯心主义解释。总之，“道”是唯物还是唯心论，学者们一直有根本不同的看法。

第二章

[原文]

天下皆知美之为美，恶已①；皆知善，斯②不善矣。有无之相③生也，难易之相成也，长短之相刑④也，高下之相盈⑤也，音声⑥之相和也，先后之相随，恒也。是以圣人居无为之事⑦，行不言之教，万物作⑧而弗始也，为而弗志⑨也，成功而弗居也。夫唯弗居，是以弗去。

[译文]

天下人都知道美之所以为美，那是由于有丑陋的存在。都知道善之所以为善，那是因为有恶的存在。所以有和无互相转化，难和易互相形成，长和短互相显现，高和下互相充实，音与声互相谐和，前和后互相接随——这是永恒的。因此圣人用无为的观点对待世事，用不言的方式施行教化，听任万物自然兴起而不为其创始，有所施为，但不加自己的倾向，功成业就而不自居。正由于不居功，就无所谓失去。

[注释]

①恶已：恶，丑。已，通“矣”。

②斯：这。

③相：互相。

④刑：通“形”，此指比较、对照中显现出来的意思。

⑤盈：充实、补充、依存。

⑥音声：汉代郑玄为《礼记·乐记》作注时说，合奏出的乐音叫做“音”，单一发出的音响叫做“声”。

⑦圣人居无为之事：圣人，古时人所推崇的最高层次的典范人物。居，担当、担任。无为，顺应自然，不加干涉、不必管束，任凭人们去干事。

⑧作：兴起、发生、创造。

⑨弗志：弗，不。志，指个人的志向、意志、倾向。

[引语]

本章内容分两层次。第一层集中鲜明的体现了老子朴素的辩证法思想。他通过日常的社会现象与自然现象，阐述了世间万物存在，都具有相互依存、相互联系、相互作用的关系，论说了对立统一的规律，确认了对立统一的永恒的、普遍的法则。

在前一层意思的基础上，展开第二层意思：处于矛盾对立的客观世界，人们应当如何对待呢？老子提出了“无为”的观点。此处所讲的“无为”不是无所作为，随心所欲，而是要以辩证法的原则指导人们的社会生活，帮助人们寻找顺应自然、遵循事物客观发展的规律。他以圣人为例，教导人们要有所作为，但不是强作妄为。学术界有人认为第一章是全书的总纲；也有人认为前两章是全书的引言，全书的宗旨都在其中了。

[评析]

无论学术界在“道”的属性方面的争论多么激烈，学者们都一致认为老子的辩证法思想是其哲学上的显著特征。老子认识到，宇宙间的事物都处在变化运动之中，事物从产生到消亡，都是有始有终的、经常变的，宇宙间没有永恒不变的东西。老子在本章里指出，事物都有自身的对立面，都是以对立的方面为自己存在的前提，没有“有”也就没有“无”，没有“长”也就没有“短”；反之亦然。这就是中国古典哲学中所谓的“相反相成”。本章所用“相生、相成、相形、相盈、相和、相随”等，是指相比较而存在，相依靠而生成，只是不同的对立概念使用的不同动词。

在第三句中首次出现“无为”一词。无为不是无所作为，而是要按照自然界的“无为”的规律办事。老子非常重视矛盾的对立和转化，他的这一见解，恰好是朴素辩证法思想的具体运用。他幻想着有所谓“圣人”能够依照客观规律，以无为的方式去化解矛盾，促进自然的改造和社会的发展。在这里，老子并非夸大了人的被动性，而是主张发挥人的创造性，像“圣人”那样，用无为的手段达到有为的目的。显然，在老子哲学中有发挥主观能动性，去贡献自己的力量，去成就大众的事业的积极进取的因素。

第三章

[原文]

不上贤①，使民不争；不贵②难得之货③，使民不为盗④；不见⑤可欲，使民不乱。是以圣人之治也，虚其心⑥，实其腹，弱其志⑦，强其骨，恒使民无知、无欲也。使夫知不敢⑧、弗为⑨而已，则无不治⑩矣。

[译文]

不推崇有才德的人，导使老百姓不互相争夺；不珍爱难得的财物，导使老百姓不去偷窃；不显耀足以引起贪心的事物，导使民心不被迷乱。因此，圣人的治理原则是：排空百姓的心机，填饱百姓的肚腹，减弱百姓的竞争意志，增强百姓的筋骨体魄，经常使老百姓没有智巧，没有欲望。致使那些有才智的人也不敢妄为造事。圣人按照“无为”的原则去做，办事顺应自然，那么，天下就不会不太平了。

[注释]

①上贤：上，同“尚”，即崇尚，尊崇。贤，有德行、有才能的人。

②贵：重视，珍贵。

③货：财物。

④盗：窃取财物。

⑤见（xiàn）：通“现”，出现，显露。此是显示，炫耀的意思。

⑥虚其心：虚，空虚。心，古人以为心主思维，此指思想，头脑。虚其心，使他们心里空虚，无思无欲。

⑦弱其志：使他们减弱志气，削弱他们竞争的意志。

⑧敢：进取。

⑨弗为：同“无为”。

⑩治：治理，此意是治理得天下太平。

[引语]

在老子生活的春秋末期，天下大乱，国与国之间互相征战、兼并，大国称霸，小国自保，统治者们为维持自己的统治，纷纷招揽贤才，用以治国安邦。在当时的社会生活中，处处崇尚贤才，许多学派和学者都提出“尚贤”的主张，这原本是为国家之本着想。然而，在尚贤的旗号下，一些富有野心的人，竞相争权夺位。抢占钱财，给民间带来了恶劣影响。一时间，民心紊乱，盗贼四起，社会处于动荡、大变动的形势。针对社会上被人们所推崇的“尚贤”这一主张，老子在第三章里提出不尚贤的观点，同时也批评了由“尚贤”而引起的追求物质利益的欲望。

这一章里老子主张“不尚贤”、“使民无知、无欲”，他设想要人们回到一种无矛盾的“无为”境界。然而，人类社会的物质文明和精神文明，必定是要不断地发展提高，所以老子的这种想法是不可能实现的，是消极的。

老子看到了古代社会现实动乱不安、矛盾突出，这是出于差别的存在，老子想用减少差别，来减轻或避免社会矛盾，这也有他进步的一面。

[评析]

在上一章里，老子提出了“无为”的概念，认为要顺应自然规律，做到“无为”。本章里，老子进一步阐述了他的社会政治思想。老子所说的无为，并非不为，而是不妄为，不非为。他认为，体现“道”的“圣人”，要治理百姓，就应当不尊尚贤才异能，以使人民不要争夺权位功名利禄。前面说到，先秦时代关于选贤用能的学说已成强大的社会舆论，各诸侯国争用贤才也形成必然的趋势。老子在这种背景下，敢于提出“不尚贤”的观点，与诸子百家形成对立，似乎不合时宜。不过，在老子的观点中，不包含贬低人才、否定人才的意思。而是说，统治者不要给贤才过分优越的地位、权势和功名，以免使“贤才”成为一种诱惑，引起人们纷纷争权夺利。

在本章里，老子透露出他的人生哲学的出发点，他既不讲人性善，也不讲人性恶，而是说人性本来是纯洁素朴的，犹如一张白纸。如果社会出现尚

贤的风气，人们对此当然不会视而不见，肯定会挑动起人们的占有欲、追逐欲，从而导致天下大乱。倘若不使人们看到可以贪图的东西，那么人们就可以保持“无知无欲”的纯洁本性。

不使人们贪欲，并不是要剥夺人们的生存权利，而是要尽可能地“实其腹”、“强其骨”，使老百姓的生活得到温饱，身体健壮可以自保自养；此外要“虚其心”、“弱其志”，使百姓们没有盗取利禄之心，没有争强好胜之志，这样做，就顺应了自然规律，就做到了无为而治。这一章与前章相呼应，从社会的角度，使人人都回归纯洁的、无知无欲的自然本性。这样以自然规律治理人事，天下自然可以得到治理了。

老子的“无为”思想和学说，在当时的历史条件下，有其进步的一面和合理的因素。他认为，历史的发展有其一定的自然规律。这规律不由上帝安排、操纵，也不受人的主观意志支配，而是客观的、自然的。这种观点对当时思想界存在的敬天法祖的观念和某些宗教迷信观念，起到一定的破坏作用。

第四章

[原文]

道冲[1]，而用之有弗盈[2]也。渊[3]呵[4]！似万物之宗[5]。锉其兑[6]，解其纷[7]，和其光[8]，同其尘[9]。湛[10]呵！似或存[11]。吾不知其谁之子，象[12]帝之先。

[译文]

大“道”空虚无形，但它的作用又是无穷无尽。深远啊！它好像万物的祖宗。消磨它的锋锐，消除它的纷扰，调和它的光辉，混同于尘垢。隐没不见啊，又好像实际存在。我不知道它是谁的后代，似乎是天帝的祖先。

[注释]

①冲：通“盅”，器物虚空，比喻空虚。

②有弗盈：有，通“又”。盈，满，引申为尽。

③渊：深远。

④呵：语助词，表示停顿。

⑤宗：祖宗，祖先。

⑥锉其兑：锉（cuò），消磨，折去。兑（ruì），通“锐”，锐利、锋利。锉其锐，消磨掉它的锐气。

⑦解其纷：消解掉它的纠纷。

⑧和其光：调和隐蔽它的光芒。

⑨同其尘：把自己混同于尘俗。以上四个“其”字，都是说的道本身的属性。

⑩湛（zhàn）：沉没，引申为隐约的意思。段玉裁在《说文解字注》中说，古书中“浮沉”的“沉”多写作“湛”。“湛”、“沉”古代读音相同。这里用来形容“道”隐没于冥暗之中，不见形迹。

⑪似或存：似乎存在。连同上文“湛呵”，形容“道”若无若存。参见第十四章“无状之状，无物之象，是谓惚恍”等句，理解其意。

⑫象：似。

[引语]

在本章里，老子仍然在论述“道”的内涵。他认为，“道”是虚体的，无形无象，人们视而不见，触而不着，只能依赖于意识去感知它。虽然“道”是虚体的，但它并非一无所有，而是蕴含着物质世界的创造性因素。这种因素极为丰富，极其久远，存在于天帝产生之先。因而，创造宇宙天地万物自然界的是“道”，而不是天帝。这样，老子从物质方面再次解释了“道”的属性。

承接第一章内容“无形”，老子称颂“道”虽然虚不见形，但不是空无所有，从“横”的角度谈，“道”是无限博大，用之不尽；再从“纵”的角度谈，“道”又是无限深远，无以追溯其来历，

它好像是自然万物的祖宗，又好像是天帝（上帝）的祖先。由此说来，不是上帝（天帝）造物，而是“道”生上帝（天帝），继生万物。“道”的作用是宇宙至高无上的主宰。

[评析]

在本章里，老子通过形容和比喻，给“道”具体作以描述。本来老子认为“道”是不可以名状的，实际上“道可道，非常道”就是“道”的一种写状，这里又接着描写“道”的形象。

老子说，道是空虚无形的，但它所能发挥的作用却是无法限量的，是无穷无尽而且永远不会枯竭的。它是万事万物的宗主，支配着一切事物，是宇宙天地存在和发展变化必须依赖的力量。在这里，老子自问：“道”是从哪里产生出来的呢？他没有作出正面回答，而是说它存在于天帝现相之前。既然在天帝产生以前，那么天帝也就无疑是由“道”产生出来的。由此，研究者们得出结论，认为老子确实提出了无神论的思想。

也有的学者把老子的“道”与古希腊哲学家赫拉克利特的“逻各斯”相提并论，认为这两个范畴的内涵非常接近。赫拉克利特的“逻各斯”是永恒的存在，万事万物皆依“逻各斯”而产生。但它不是任何神或者任何人所创造的，而是创造世界的种子，是一种“以太”的物体。“逻各斯”无时无处不存在于自然界和人类社会，但人们却不能感觉到它的存在，然而它的存在是确实的。老子的“道”同样具有“逻各斯”的这些属性和职能，二者的形象十分近似。

在前四章里，老子集中提出了“道”是宇宙的本原，而且先于天帝而存在；事物都是互相矛盾而存在的，并且处于变化发展之中等观点。此外，老子还提出了他自己对社会政治和人生处世的某些基本观点。这些学说无不充满智慧的蕴含。

第五章

[原文]

天地不仁，以万物为刍狗①；圣人不仁，以百姓为刍狗。天地之间，其犹橐籥②乎？虚而不屈③，动而俞④出。多闻数穷⑤，不若守于中⑥。

[译文]

天地是无所谓仁慈的，它没有仁爱，对待万事万物就像对待刍狗一样，任凭万物自生自灭。圣人也是没有仁爱的，也同样像对待刍狗那样对待百姓，任凭人们自作自息。天地之间，岂不像个风箱一样吗？它空虚而不枯竭，越鼓动风就越多，生生不息。政令繁多反而更加使人困惑，更行不通，不如保持虚静。

[注释]

①刍（chú）狗：用草扎成的狗。古代专用于祭祀之中，祭祀完毕，就把它扔掉或烧掉。比喻轻贱无用的东西。在本文中比喻：天地对万物，圣人对百姓都因不经意、不留心而任其自长自消，自生自灭。正如元代吴澄据说："刍狗，缚草为狗之形，祷雨所用也。既祷则弃之，无复有顾惜之意。天地无心于爱物，而任其自生自成；圣人无心于爱民，而任其自作自息，故以刍狗为喻。"

②犹橐籥（tuó yuè）：犹，比喻词，"如同"、"好像"的意思。橐籥：古代冶炼时为炉火鼓风用的助燃器具——袋囊和送风管，是古代的风箱。

③屈（qū）：竭尽，穷尽。

④俞：通"愈"，更加的意思。

⑤多闻数穷：闻，见闻，知识。老子认为，见多识广，有了智慧，反而政令烦苛，破坏了天道。数，通"速"，是加快的意思。穷，困穷，穷尽到头，

无路可行。

⑥守于中：中，通“冲”，指内心的虚静。守于中，守住虚静。

[引语]

本章的内容主要包括两方面的意思，一是老子再次表述了自己无神论的思想倾向，否定当时思想界存在的把天地人格化的观点。他认为天地是自然的存在，没有理性和感情，它的存在对自然界万事万物不会产生任何作用，因为万物在天地之间依照自身的自然规律变化发展，不受天、神、人的左右。二是老子又谈到“无为”的社会政治思想，这是对前四章内容的进一步发挥。他认为，作为圣人——理想的统治者，应当是遵循自然规律，采取无为之治，任凭老百姓自作自息、繁衍生存，而不会采取干预的态度和措施。

本章也是承上章对“道冲”作进一步论述。此处由“天道”推论“人道”，由“自然”推论“社会”，核心思想是阐述清静无为的好处。

本章用具体比喻说明如何认识自然和正确对待自然，论述天地本属自然，社会要顺乎自然，保持虚静。

[评析]

这一章从反对“有为”的角度出发，老子仍谈论的是“无为”的道理。天地不仁，表明天地是一个物理的、自然的存在，并不具有人类般的理性和感情；万物在天地之间依照自然法则运行，并不像有神论者所想象的那样，以为天地自然法则对某物有所偏爱，或对某物有所嫌弃，其实这只是人类感情的投射作用。这一见解，表现了老子反对鬼神术数的无神论思想，是值得重视的进步思想。从“无为”推论下去，无神论是符合逻辑的必然结果。他认为天地是无为的，自然界的一切事物，只须依照自然界的发展规律生长变化，不需任何主宰者驾临于自然之上来加以命令和安排。

老子对此问题，通过生活中的两件事加以解说。一是人们祭祀时使用的以草扎制而成的狗，祈祷时用它，用完后随手就把它扔掉了。同样，圣人无所偏爱，取法于天地之纯任自然。即圣明的统治者对老百姓也不应有厚有薄，而要平等相待，让他们根据自己的需要安排作息。二是使用的风箱，只要拉动就可以鼓出风来，而且不会竭尽。天地之间好像一个风箱，空虚而不会枯竭，越鼓

动风越多。

老子通过这两个比喻想说明的问题是："多言数穷，不如守中"。政令烦苛，只会加速其败亡，不如保持虚静状态。这里所说的中，不是中正之道，而是虚静。儒家讲中正、中庸、不偏不倚，老子讲的这个"中"，还含有"无数"的意思。即用很多强制性的言辞法令来强制人民，很快就会遭到失败，不如按照自然规律办事，虚静无为，万物反能够生化不竭。有为，总不会有好的结果，这是老子在本章最后所提出的警告。

总之，本章的主旨仍是宣传"虚用"，同前两章相连，犹在宣传"无为"所使用的方法，仍是由天道而人道，由自然而社会。

第六章

[原文]

谷神①不死，是谓玄牝②。玄牝之门③，是谓天地之根。绵绵④呵！其若存⑤！用之不堇⑥。

[译文]

生养天地万物的道（谷神）是永恒长存的，这叫做玄妙的母性。玄妙母体的生育之产门，这就是天地的根本。连绵不绝啊！它就是这样不断的永存，作用是无穷无尽的。

[注释]

①谷神：过去据高亨说：谷神者，道之别名也。谷读为毂。《尔雅·释言》："毂，生也。"《广雅·释诂》："毂，养也。"谷神者，生养之神。另据严复在《老子道德经评点》中的说法，"谷神"不是偏正结构，是联合结构。谷，形容"道"虚空博大，像山谷；神，形容"道"变化无穷，很神奇。

②玄牝(pìn)：玄，原义是深黑色，在《老子》书中是经常出现的重要概念。有深远、神秘、微妙难测的意思。牝，本义是雌性的兽类动物，这里借喻具有无限造物能力的“道”。玄牝指玄妙的母性，这里指孕育和生养出天地万物的母体。

③门：指产门。这里用雌性生殖器的产门的具体义来比喻造化天地生育万物的根源。

④绵绵：连绵不绝的样子。

⑤若存：若，如此，这样。若存，据宋代苏辙解释，是实际存在却无法看到的意思。

⑥堇：通“勤”。作“尽”讲。

[引语]

老子在这一章里继续说明“道”的特征。他所运用的方法仍是比喻、借代。他用“谷”象征“道”，说明“道”既是空虚的又是实在的；他用“神”比喻“道”，说明“道”生万物，绵延不断；他用“玄牝之门”比喻“道”是产生万事万物的根源，等等。他想说明“道”的作用是无穷无尽的，从时间而言，它历久不衰，天长地久。从空间而言，它无处不在、无穷无尽。它孕育着宇宙万物而生生不息。

[评析]

本章用简洁的文字描写形而上的实存的“道”，即继续阐述第四章“道”在天地之先的思想，用“谷”来象征“道”体的虚状；用“神”来比喻“道”生万物的绵延不绝，认为“道”是在无限的空间支配万物发展变化的力量，是具有一定物质规律性的统一体。它空虚幽深，因应无穷，永远不会枯竭，永远不会停止运行。这种支配万物发展变化的力量，就是对立统一规律。“谷神不死”，体现出“道”的永恒性，即恒“道”。

“玄牝之门”是产生万事万物的地方，它的作用非常之大。“玄牝之门”、“天地根”，都用来说明“道”为产生天地万物的始源。古代也有人把本章的要旨解释为胎息养生之术，认为“天地之门，以吐纳阴阳生死之所气。每至旦，面向午，展两手于膝之上，徐徐按捺百节，口吐浊气，鼻引清气，所以吐

故纳新。是甕气良久，徐徐吐之，仍以左右手上下前后拓。承气之时，意想太平元气，下入毛际，流于五脏，四肢绵受其润，如山纳云，如地受泽，面色光涣，耳目聪明，饮食有味，气力倍加，诸疾去矣”。这是把老子的思想与传统养生术联系起来的解释。这种思考的角度，也不失为对老子学说的一种发挥。

第七章

[原文]

天长，地久①。天地之所以能长且久者，以其不自生也②，故能长生。是以圣人后其身而身③先，外其身④而身存，非以其无私邪⑤？故能成其私。

[译文]

天长地久，天地所以能长久存在，是因为它们不为了自己的生存而自然地运行着，所以能够长久生存。因此，有道的圣人遇事谦退无争，反而能在众人之中领先；将自己置于度外，反而能保全自身生存。这不正是因为他无私吗？所以能成就他的自身。

[注释]

①天长，地久：长、久，均指时间长久。

②以其不自生也：因为它不为自己生存。以，因为。

③身：自身，自己。以下三个“身”字同。先，居先，占据了前位。此是高居人上的意思。

④外其身：外，是方位名词作动词用，使动用法，这里是置之度外的意思。

⑤邪：同“耶”，助词，表示疑问的语气。

[引语]

本章也是由天道推论人道，反映了老子以退为进的思想主张。老子认为：天地由于“无私”而长存永在，人间“圣人”由于退身忘私而成就其理想。如大禹为人民治水，八年在外三过其门而不入，人民拥戴他为天子。

老子用朴素辩证法的观点，说明利他（“退其身”、“外其身”）和利己（“身先”、“身存”）是统一的，利他往往能转化为利己，老子想以此说服人们都来利他，这种谦退无私的精神，有它积极的意义。

[评析]

这一章继第五章之后，再一次歌颂天地。天地是客观存在的自然，是“道”所产生并依“道”的规律运行而生存，从而真正地体现“道”。老子赞美天地，同时以天道推及人道，希望人道效法天道。在老子的观念中，所谓人道，即以天道为依归，也就是天道在具体问题上的具体运用。这一点，是老子书中经常发挥的观点，在本章里，他就表达了这种观点。接下来，老子以“圣人”来说明人道的问题。圣人是处于最高地位的理想的治者，对他而言，人道既要用于为政治世，又要用于修身养性，而且要切实效法天地的无私无为。对天地来说，“以其不自生也，故能长生”。对圣人来说，“不以其无私邪？故能成其私”。这其中包含有辩证法的因素，不自生故能长生；不自私故能成其私，说明对立着的双方在互相转化。通俗地讲，老子所赞美的圣人能谦居人后，能置身度外，他不是对什么事都插手，而是从旁边把事情看清了再帮一把，反而能够站得住脚。这种思想，有人认为是为人处世的智慧，以无争争，以无私私，以无为为；也有人指责老子学说中多讲诈术，尤其是“非以其无私邪？故能成其私”一句，常被人们引用为论据，认为圣人想保住自己的权位，却用了狡诈的方式，耍了一种滑头主义的手腕，等等。仁智互见，《道德经》中的许多观点都是如此。对各种解释可以姑且存之，经比较研究，终究可以找到切合实际的观点。

第八章

[原文]

上善若水①。水善利万物而不争，处众人之所恶②，故几于道③。居，善地；心，善渊④；与，善仁⑤；言，善信；政，善治⑥；事，善能；动，善时⑦。夫唯不争，故无尤⑧。

[译文]

最善的人好像水一样。水善于滋润万物而不与万物相争，停留在众人都不喜欢的地方，所以最接近于“道”。最善的人，居处最善于选择地方，心胸善于保持沉静而深不可测，待人善于真诚、友爱和无私，说话善于恪守信用，为政善于精简处理，能把国家治理好，处事能够善于发挥所长，行动善于把握时机。最善的人所作所为正因为有不争的美德，所以没有过失，也就没有怨咎。

[注释]

①上善若水：上，最的意思。上善即最善。这里老子以水的形象来说明“圣人”是道的体现者，因为圣人的言行有类于水，而水德是近于道的。

②处众人之所恶：即居处于众人所不愿去的地方。

③几于道：几，接近。即接近于道。

④渊：沉静、深沉。

⑤与，善仁：与，指与别人相交相接。善仁，指有修养之人。

⑥政，善治：为政善于治理国家，从而取得治绩。

⑦动，善时：行为动作善于把握有利的时机。

⑧尤：怨咎、过失、罪过。

[引语]

在上一章以天地之道推及人道之后，这一章又以自然界的水来喻人、教人。老子首先用水性来比喻有高尚品德者的人格，认为他们的品格像水那样，一是柔，二是停留在卑下的地方，三是滋润万物而不与争。最完善的人格也应该具有这种心态与行为，不但做有利于众人的事情而不与争，而且还愿意去众人不愿去的卑下的地方，愿意做别人不愿做的事情。他可以忍辱负重，任劳任怨，能尽其所能地贡献自己的力量去帮助别人，而不会与别人争功争名争利，这就是老子“善利万物而不争”的著名思想。

[评析]

老子在自然界万事万物中最赞美水，认为水德是近于道的。而理想中的“圣人”是道的体现者，因为他的言行有类于水。为什么说水德近于道呢？王夫之解释说：“五行之体，水为最微。善居道者，为其微，不为其著；处众之后，而常德众之先。”以不争争，以无私私，这就是水的最显著特性。水滋润万物而无取于万物，而且甘心停留在最低洼、最潮湿的地方。在此后的七个并列排比句中，都具有水德的写状，同时也是善之人所应具备的品格。老子并列举出七个“善”字，都是受到水的启发。最后的结论是：为人处世的要旨，即为“不争”。也就是说，宁处别人之所恶也不去与人争利，所以别人也没有什么怨尤。

《荀子·宥坐》记载了孔子答弟子子贡问水的一段对话：“孔子观于东流之水。子贡问于孔子曰：君子之所以见大水必观焉者，是何？孔子曰：夫水，偏与诸生而无为也，似德。其流也埤下，裾拘必循其理，似义。其洮洮乎不屈尽，似道。若有决行之，其应佚若声响，其赴而仞之谷不惧，似勇。主量必平，似法。盈不求概，似正。淖约微达，似察。以出以入，以就鲜洁，似善化。其万折也必东，似志。是故君子见大水必观焉。”在此处，孔子以水描述了他理想中的具备崇高人格的君子形象，这里涉及到德、义、道、勇、法、正、察、志以及善化等道德范畴。这其中的观点与道家有显而易见的区别，但也有某些相似之处。可以此段引文与《道德经》第八章参照阅读。

第九章

[原文]

持而盈之①，不如其已②；揣而锐之③，不可长保④。金玉满堂，莫之能守；富贵而骄，自遗其咎⑤。功成身退⑥，天之道⑦也。

[译文]

执持盈满，不如适时停止；显露锋芒，锐势难以保持长久。金玉满堂，无法守藏；如果富贵到了骄横的程度，那是自己留下了祸根。一件事情做得圆满了，就要含藏收敛，这是符合自然规律的道理。

[注释]

①持而盈之：持，手执、手捧。此句意为持执盈满，自满自骄。

②不如其已：已，止。不如适可而止。

③揣而锐之：把铁器磨得又尖又利。揣，捶击的意思。

④长保：不能长久保存。

⑤咎：过失、灾祸。

⑥功成身退：功成名就之后，不再身居其位，而应适时退下。“身退”并不是退隐山林，而是不居功贪位。

⑦天之道：指自然规律。

[引语]

这一章正面讲一般人的为人之道，主旨是要留有余地，不要把事情做得太过，不要被胜利冲昏头脑。老子认为，不论做什么事都不可过度，而应该适可即止，锋芒毕露，富贵而骄，居功贪位，都是过度的表现，难免招致灾祸。一般人遇到名利当头的时候，没有不心醉神往的，没有不趋之若鹜的。老子在这里说出了知进而不知退、善争而不善让的祸害，希望人们把握好度，适可而止。本章的主旨在于写“盈”。“盈”即是满溢、过度的意思。自满自骄都是“盈”的表现。持“盈”的

结果，将不免于倾覆的祸患。所以老子谆谆告诫人们不可“盈”，一个人在成就了功名之后，就应当身退不盈，这才是长保之道。

[评析]

本章论述的重点是“盈”和“功成身退”。贪慕权位利禄的人，往往得寸进尺；恃才傲物的人，总是锋芒毕露，耀人眼目，这些是应该引以为戒的。否则，富贵而骄，便会招来祸患。就普通人而言，建立功名是相当困难的，但功成名就之后如何去对待它，那就更不容易了。老子劝人功成而不居，急流勇退，结果可以保全天年。然而有些人则贪心不足，居功自傲，忘乎所以，结果身败名裂。比如秦国丞相李斯即是如此。李斯在秦国为官，已经做到丞相之职，可谓富贵功名于一身，权大势重不可一世。然而最终却做了阶下囚。临刑时，他对儿子说：“吾欲与若复牵黄犬，出上蔡东门，逐狡兔，岂可得乎？”不仅丞相做不成了，连做一个布衣百姓与儿子外出狩猎的机会也没有了，这是多么典型的一个事例啊！然而，对普通人而言，如果他没有身败名裂之时，是不大可能领会“功成身退”的真谛的。

作为普通人要做到淡泊名利与地位，才有可能“功成身退”。事物的发展本来就是向着自己的反面在一定条件下转化的，否泰相参、祸福相位，古今中外的历史上常盛不衰能有几人？“功成名就”固然是好事，但其中却也含有引发祸水的因素。老子已经悟出辩证法的道理，正确指出了进退、荣辱、正反等互相转化的关系，否则便会招致灾祸。因而他奉劝人们急需趁早罢手，见好即收。在事情做好之后，不要贪恋权位名利，不要尸位其间，而要收敛意欲，含藏动力。宋代著名文学家欧阳修有这样的诗句：“定册功成身退勇，辞荣辱，归来白首笙歌拥”，这正体现了“功成身退”的精神。

第十章

[原文]

载营魄抱一①，能无离乎？专气②致柔，能如婴儿乎③？涤除玄鉴④，能无疵乎？爱民治国，能无为乎⑤？天门开阖⑥，能为雌⑦乎？明白四达，能无知⑧乎？生之畜⑨之，生而不有，为而不恃，长而不宰，是谓玄德⑩。

[译文]

精神和形体合一，能不分离吗？聚结精气以致柔和温顺，能像婴儿的无欲状态吗？清除杂念而深入观察心灵，能没有瑕疵吗？爱民治国能遵行自然无为的规律吗？感官与外界的对立变化相接触，能宁静吧？明白四达，能不用心机吗？让万事万物生长繁殖，产生万物、养育万物而不占为己有，作万物之长而不主宰他们，这就叫做“玄德”。

[注释]

①载营魄抱一：载，用作助语句，相当于夫；营魄，即魂魄；抱一，即合一。一，指道，抱一意为魂魄合而为一，二者合一即合于道。又解释为身体与精神合一。

②专气：专，结聚之意。专气即集气。

③能如婴儿乎：能像婴儿一样吗？

④涤除玄鉴：涤，扫除、清除。玄，奥妙深邃。鉴，镜子。玄鉴即指人心灵深处明澈如镜、深邃灵妙。

⑤爱民治国，能无为乎：即无为而治。

⑥天门开阖：天门，有多种解释。一说指耳目口鼻等人的感官；一说指兴衰治乱之根源；一说是指自然之理；一说是指人的心神出入即意念和感官的配合等。此处依“感官说”。开阖，即动静、变化和运动。

⑦能为雌：雌，即宁静的意思。

⑧知：通“智”，指心智、心机。

⑨畜：养育、繁殖。

⑩玄德：玄秘而深邃的德性。

[引语]

这一章着重讲修身的功夫。这里写了六句问话，似乎是把“道”运用于修身治国方面所做的几条总结，对一般人和统治者提出了概括的要求。本章每句的后半句似乎是疑问，其实疑问本身就是最好的答案。老子要求人们无论是形体还是精神，无论是主观努力还是客观实际，都不可能是完全一致的。但是人们在现实生活中应该将精神和形体合一而不偏离，即将肉体生活与精神生活和谐。这样就必须做到心境极其静定、洗清杂念、摒除妄见，懂得自然规律，加深自身的道德修养，才能够“爱民治国”。

[评析]

本章继前几章深入阐述有关修身的问题。开头六句提出六种情况、六个疑问：“能无离乎？”“能无为乎？”“能如婴儿乎？”“能无疵乎？”“能为雌乎？”“能无知乎？”这六个问题实际上说的就是有关修身、善性、为学、治国诸多方面的内容。对于这一章的解释，学术界有些分歧。一是对“生之畜之，生而不有，为而不恃，长而不宰，是谓玄德”这句话的判定，有人认为是与五十一章“道生之，德畜之”等相雷同，因而系错简；也有人认为，五十一章就道而言，本章就圣人而言，文句相同，其对象不同。在《道德经》一书中，文相同或近似的情况，前后重复的情况都是常见的现象，不必认定为错简。此外对于“载营魄抱一”的“一”，有学者认为此一为“一身”的意思，即精神与躯体合而为一身，不可分离；有人认为“一”即“道”，“抱一”即统一于道；也有人认为“一”可以当“专一”解释，此句译为人要安居于常居之所，专一慎独，须臾也不能受物欲的诱惑。本书依从前种观点。

第十一章

[原文]

三十辐[①]共一毂[②]，当其无，有车之用[③]。埏埴[④]以为器，当其无，有器之用。凿户牖[⑤]以为室，当其无，有室之用。故有之以为利，无之以为用[⑥]。

[译文]

三十根辐条汇集到一根毂中的孔洞当中，有了车毂中空的地方，才有车的作用。揉和陶土做成器皿，有了器具中空的地方，才有器皿的作用。开凿门窗建造房屋，有了门窗四壁内的空虚部分，才有房屋的作用。所以，“有”给人便利，“无”发挥了它的作用。

[注释]

①辐：车轮中连接轴心和轮圈的木条，古时的车轮由三十根辐条所构成。此数取法于每月三十日的历次。

②毂（gǔ）：车轮中心的木制圆圈，中有圆孔，即插轴的地方。

③当其无，有车之用：有了车毂中空的地方，才有车的作用。“无”指毂中间空的地方。

④埏埴（shān zhí）：埏，和；埴，土。即和陶土做成供人饮食使用的器皿。

⑤户牖（yǒu）：门窗。

⑥有之以为利，无之以为用：“有”给人便利，“无”也发挥了作用。

[引语]

在现实社会生活中，一般人只注意实有的东西及其作用，而忽略了虚空的东西及其作用。对此，老子在本章里论述了“有”与

"无"即实在之物与空虚部分之间的相互关系。他举例说明"有"和"无"是相互依存的、相互为用的；无形的东西能产生很大的作用，只是不容易被一般人所觉察。他特别把"无"的作用向人们显现出来。老子举了三个例子：车子的作用在于载人运货；器皿的作用在于盛装物品；房屋的作用在于供人居住，这是车、皿、室给人的便利。车子是由辐和毂等部件构成的，这些部件是"有"，毂中空虚的部分是"无"，没有"无"车子就无法行驶，当然也就无法载人运货，其"有"的作用也就发挥不出来了。器皿没有空虚的部分，即无"无"，就不能起到装盛东西的作用，其外壁的"有"也无法发挥作用。房屋同样如此，如果没有四壁门窗之中空的地方可以出入、采光、流通空气，人就无法居住，可见是房屋空的地方发挥了作用。本章所讲的"有"与"无"是就现象界而言的，与第一章所说有"有"与"无"不同，后者是就超现象界而言的，读者应注意加以区别。

[评析]

在《道德经》一开始，老子用大部分篇章，通过认识天地、刍狗、风箱、山谷、水、土、容器、锐器、车轮、房屋等具体的东西去发现抽象的道理。他的学说往往是从具体到抽象、从感性认识到理性认识，而并非总在故弄玄虚。冯友兰先生曾说："老子所说的'道'，是'有'与'无'的统一，因此它虽然是以'无'为主，但是也不轻视'有'，它实在也很重视'有'，不过不把它放在第一位就是了。老子第二篇说'有无相生'，第十一章说'三十辐共一毂，当其无，有车之用。埏埴以为器，当其无，有器之用。凿户牖以为室，当其无，有室之用。故有之以为利，无之以为用。'这一段话很巧妙地说明'有'和'无'的辩证关系。一个碗或茶盅中间是空的，可正是那个空的部分起了房屋的作用。房子里面是空的，可正是那个空的部分起了房屋的作用。如果是实的，人怎么住进去呢？老子作出结论说'有之以为利，无之以为用'，它把'无'作为主要的对立面。老子认为碗、茶盅、房子等是'有'和'无'的辩证的统一，这是对的；但是认为'无'是主要对立面，这就错了。毕竟是有了碗、茶盅、房子等，其中空的地方才能发挥作用。如果本来没有茶盅、碗、房子等，自然也就没有中空的地方，任何作用都没有了。"

第十二章

[原文]

五色①令人目盲②；五音③令人耳聋④；五味⑤令人口爽⑥；驰骋⑦畋猎⑧，令人心发狂⑨；难得之货，令人行妨⑩；是以圣人为腹不为目⑪，故去彼取此⑫。

[译文]

缤纷的色彩，使人眼花缭乱；嘈杂的音调，使人听觉失灵；丰盛的食物，使人舌不知味；纵情狩猎，使人心情放荡发狂；稀有的物品，使人行为不轨。因此，圣人但求吃饱肚子而不追逐声色之娱，所以摒弃物欲的诱惑而保持安定知足的生活方式。

[注释]

①五色：指青、黄、赤、白、黑。此指色彩多样。

②目盲：比喻眼花缭乱。

③五音：指宫、商、角（jué）、徵（zhǐ）、羽。这里指多种多样的音乐声。

④耳聋：比喻听觉不灵敏，分不清五音。

⑤五味：指酸、苦、甘、辛、咸，这里指多种多样的美味。

⑥口爽：意思是味觉失灵，生了口病。古代以“爽”为口病的专用名词。

⑦驰骋：纵横奔走，比喻纵情放荡。

⑧畋（tián）猎：打猎获取动物。畋，打猎的意思。

⑨心发狂：心旌放荡而不可制止。

⑩行妨：伤害操行。妨，妨害、伤害。

⑪为腹不为目：只求温饱安宁，而不为纵情声色之娱。腹，在这里代表一种简朴宁静的生活方式；目，代表一种巧伪多欲的生活方式。

⑫去彼取此：摒弃物欲的

诱惑，而保持安定知足的生活。彼，指“为目”的生活；此，指“为腹”的生活。

[引语]

对于这一章，人们普遍认为老子是针对奴隶主贵族贪欲奢侈、纵情声色而写的，是揭露和劝诫，也是严正警告。但对此章在具体解释时，却有两种截然不同的意见。一种意见说，老子从反对统治阶级腐朽生活出发，得出一般结论，即反对一切声色，否定发展文化。持此观点的人认为，老子所谓“为腹不为目”的说法，是把物质生活和精神文明对立起来，是他的愚民思想的一种表现，即只要给人们温饱的生活就可以了，这是彻底的文化否定论。另一种意见认为，老子所说的“五色”、“五声”、“五味”、围猎之乐、难得之货，并非都是精神文明，所以不存在把物质生活与精神文明对立起来的问题，这些反映了奴隶主贵族糜烂生活中那令人目盲、令人耳聋、令人心发狂的腐朽文化，这种文化的价值也不过等同于打猎之乐和难得之货。这两种意见都有自己的道理，有理解上的差异，也有学者价值观的区别。不过，此处的争论倒是提醒我们今天在发展物质文明的同时，重视精神文明的发展，反对物欲横流引起的精神腐蚀。

[评析]

老子生活的时代，正处于新旧制度相交替、社会动荡不安之际，奴隶主贵族生活日趋腐朽糜烂。他目击了上层社会的生活状况，因而他认为社会的正常生活应当是为“腹”不为“目”，务内而不逐外，但求安饱，不求纵情声色之娱。在此，老子所反对的奴隶主贵族的腐朽生活方式，并不是普通劳动民众的，因为“五色”、“五味”、“五声”、打猎游戏、珍贵物品并不是一般劳动者可以拥有的，而是贵族生活的组成部分。因此，我们认为老子的观点并不是要把精神文明与物质文明对立起来，并不是否定发展文化，不像有些学者所言，认为老子的这些观点是他对人类社会现实和历史发展所持的狭隘庸俗的反历史观点。他希望人们能够丰衣足食，建立内在宁静恬淡的生活方式，而不是外在贪俗的生活。一个人越是投入外在化的漩涡里，则越会流连忘返，产生自我疏离感，而心灵则会日益空虚。所以，老子才提醒人们要摒弃外界物欲的诱惑，保持内心的安足清

静，确保固有的天性。如今，现代文明高度发达，许多人只求声色物欲的满足，价值观、道德观严重扭曲，在许多场合可以普遍看到人心发狂的事例。读了本章，令人感慨不已。人类社会的精神文明应与物质文明同步发展，而不是物质文明水平提高了，精神文明就自然而然地紧跟其后。这种观点是错误的。

第十三章

[原文]

宠辱[1]若惊，贵大患若身[2]。何谓宠辱若惊？宠为下[3]，得之若惊，失之若惊，是谓宠辱若惊。何谓贵大患若身？吾所以有大患者，为吾有身，及吾无身，吾有何患[4]？故贵以身为天下，若可寄天下；爱以身为天下，若可托天下[5]。

[译文]

受到宠爱和受到侮辱都好像受到惊恐，把荣辱这样的大患看得与自身生命一样珍贵。什么叫做得宠和受辱都感到惊慌失措？得宠是卑下的，得到宠爱感到格外惊喜，失去宠爱则令人惊慌不安。这就叫做得宠和受辱都感到惊恐。什么叫做重视大患像重视自身生命一样？我之所以有大患，是因为我有身体；如果我没有身体，我还会有什么祸患呢？所以，以珍贵自己身体的态度去治理天下，天下就可以托付给他；以爱惜自己身体的态度去治理天下，天下就可以依靠他了。

[注释]

①宠辱：荣宠和侮辱。

②贵大患若身：贵，珍贵、重视。重视大患就像珍贵自己的身体一样。

③宠为下：受到宠爱是光荣

的、下等的。

④及吾无身，吾有何患：意为如果我没有身体，有什么大患可言呢？

⑤故贵以身为天下……若可托天下：以贵身的态度去为天下，才可以把天下托付给他；以爱身的态度去为天下，才可以把天下托付给他。

[引语]

这一章讲的是人的尊严问题。老子强调“贵身”的思想，论述了宠辱对人身的危害。老子认为，一个理想的治者，首要在于“贵身”，不胡作妄为。只有珍重自身生命的人，才能珍重天下人的生命，也就可使人们放心地把天下的重责委任于他，让他担当治理天下的任务。在上一章里，老子说到“为腹不为目”的“圣人”，能够“不以宠辱荣患损易其身”，才可以担负天下重任。此章接着说“宠辱若惊”。在他看来，得宠者以得宠为殊荣，为了不致失去殊荣，便在赐宠者面前诚惶诚恐，曲意逢迎。他认为，“宠”和“辱”对于人的尊严之挫伤，并没有两样，受辱固然损伤了自尊，受宠何尝不损害人自身的人格尊严呢？得宠者总觉得受宠是一份意外的殊荣，便担心失去，因而人格尊严无形地受到损害。如果一个人未经受任何辱与宠，那么他在任何人面前都可以傲然而立，保持自己完整、独立的人格。

[评析]

本章所讲关于“贵身”和人的尊严问题，大意是说“圣人”不以宠辱荣患等身外之事易其身，这是接着上一章“是以圣人为腹不为目”而言的。凡能够真正做到“为腹不为目”，不为外界荣辱乱心分神者，才有能力担负治理天下的重责。对于本章主旨，王夫之作过如下精辟的发挥。他说：“众人纳天下于身，至人外其身于天下。夫不见纳天下者，有必至之忧患乎？宠至若惊，辱来若惊，则是纳天下者，纳惊以自滑也。大患在天下，纳而贵之与身等。夫身且为患，而贵患以为重累之身，是纳患以自梏也。惟无身者，以耳任耳，不为天下听；以目任目，不为天下视；吾之耳目静，而天下之视听不荧，惊患去已，而消于天下，是以百姓履籍而不匹倾。”

一般人对于身体的宠辱荣患十分看重，甚至于许多人重视身外的宠辱远远超过自身的生命。人生在世，难免要与功名利禄、荣辱得失打交道。

许多人是以荣宠和功利名禄为人生最高理想，目的就是为享荣华富贵。总之，人活着就是为了寿、名、位、货等身边之物。对于功名利禄，可说是人人都需要。但是，把它摆在什么位置上，人与人的态度就不同了。如果你把它摆在比生命还要宝贵的位置之上，那就大错特错了。老子从“贵身”的角度出发，认为生命远过贵于名利荣宠，要清静寡欲，一切声色货利之事，皆无所动于中，然后可以受天下之重寄，而为万民所托命。这种态度基本上是正确的。

第十四章

[原文]

视而不见，名曰夷[1]；听之不闻，名曰希[2]；搏之不得，名曰微[3]。此三者不可致诘[4]，故混而为一[5]。其上不徼[6]，其下不昧[7]，绳绳[8]兮不可名，复归于无物[9]。是谓无状之状，无物之象，是谓惚恍[10]。迎之不见其首，随之不见其后。执古之道，以御今之有[11]。能知古始[12]，是谓道纪[13]。

[译文]

看它看不见，把它叫做“夷”；听它听不到，把它叫做“希”；摸它摸不到，把它叫做“微”。这三者的形状无从追究，它们原本就浑然而为一。它的上面既不显得光明亮堂；它的下面也不显得阴暗晦涩，无头无绪、延绵不绝却又不可称名，一切运动都又回复到无形无象的状态。这就是没有形状的形状，不见物体的形象，这就是“惚恍”。迎着它，看不见它的前头，跟着它，也看不见它的后头。把握着早已存在的

"道"，来驾驭现实存在的具体事物。能认识、了解宇宙的初始，这就叫做认识"道"的规律。

[注释]

①夷：无色。

②希：无声。

③微：无形。以上夷、希、微三个名词都是用来形容人的感官无法把握住"道"。这三个名词都是幽而不显的意思。

④致诘：诘，意为追问、究问、反问。致诘意为思议。

⑤一：本章的一指"道"。

⑥皦：清白、清晰、光明之意。

⑦昧：阴暗。

⑧绳绳：不清楚、纷纭不绝。

⑨无物：无形状的物，即"道"。

⑩惚恍：若有若无，闪烁不定。

⑪有：指具体事物。

⑫古始：宇宙的原始，或"道"的初始。

⑬道纪："道"的纲纪，即"道"的规律。

[引语]

本章是描述"道"体的。在第六章和第八章，分别以具体的形象——山谷和水，来比喻道的虚空和柔弱。本章以抽象的理解，来描述"道"的性质，并讲到运用"道"的规律。在这里，"道"即是"一"。在前面几章中，老子所说过的"道"有两种内涵，一是指物质世界的实体，即宇宙本体；一是指物质世界或现实事物运动变化的普遍规律。这两者之间实际是相互联系的。本章所讲的"一"（即"道"）包含有以上所讲"道"的两方面内涵。老子描述了"道"的虚无飘渺，不可感知，看不见，听不到，摸不着，然而又是确实存在的，是所谓"无状之状，无物不象"。"道"有其自身的变化运动规律，掌握这种规律，便是了解具体事物的根本。

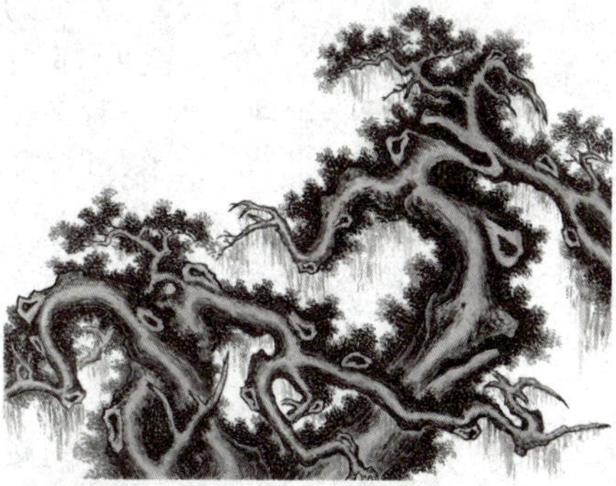

[评析]

超脱于具体事物之上的“道”，与现实世界的万事万物有着根本的不同。它没有具体的形状，看不见，听不到，摸不着，它无边无际地无古无今地存在着，时隐时现，难以命名。“道”不是普通意义的物，是没有形体可见的东西。在此，老子用经验世界的一些概念对它加以解释，然后又一一否定，反衬出“道”的深微奥秘之处。但是“道”的普遍规律自古以来就支配着现实世界的具体事物，要认识和把握现实存在的个别事物，就必须把握“道”的运动规律，认识“道”的普遍原理。理想中的“圣人”能够掌握自古以来固存的支配物质世界运动变化的规律，可以驾驭现实存在，这是因为他悟出了“道”性。下一章紧接着对此作了阐述。

第十五章

[原文]

古之善为道者[1]，微妙玄通，深不可识。夫不唯不可识，故强为之容[2]；豫兮[3]若冬涉川[4]；犹[5]兮若畏四邻[6]；俨兮[7]其若客[8]；涣兮其若凌释[9]；敦兮其若朴[10]；旷兮其若谷[11]；混兮其若浊[12]；孰能浊[13]以静之徐清？孰能安[14]以动之徐生？保此道者，不欲盈[15]。夫唯不盈，故能蔽而新成[16]。

[译文]

古时候善于行道的人，微妙通达，深刻玄远，不是一般人可以理解的。正因为不能认识他，所以只能勉强地形容他说：他小心谨慎啊，好像冬天踩着水过河；他警觉戒备啊，好像防备着邻国的进攻；他恭敬郑重啊，好像要去赴宴做客；他行动洒脱啊，好像冰块缓缓消融；他纯朴厚道啊，好像没有经过加工的原料；他旷远豁达啊，好像深幽的山谷；他浑厚宽容，好像不清的浊水。谁能使浑浊安静下来，慢慢澄清？谁能使安静变动起来，慢慢显出生机？保持这个“道”的人不会自满。正因为他从不自满，所以能够去故更新。

[注释]

①善为道者：指得“道”之人。

②容：形容、描述。

③豫：原是野兽的名称，性好疑虑。豫兮，引申为迟疑慎重的意思。

④涉川：战战兢兢、如临深渊。

⑤犹：原是野兽的名称，性警觉，此处用来形容警觉、戒备的样子。

⑥若畏四邻：形容不敢妄动。

⑦俨兮：形容端谨、庄严、恭敬的样子。

⑧客：一本作“容”，当为客之误。

⑨涣兮其若凌释：形容流动的样子。

⑩敦兮其若朴：形容敦厚老实的样子。

⑪旷兮其若谷：形容心胸开阔、旷达。

⑫混兮其若浊：形容浑厚纯朴的样子。混，与浑通用。

⑬浊：动态。

⑭安：静态。

⑮不欲盈：不求自满。盈，满。

⑯蔽而新成：去故更新的意思。一本作蔽不新成。

[引语]

这一章紧接前章，对得道之士做了描写。老子称赞得“道”之人的“微妙玄通，深不可识”，他们掌握了事物发展的普遍规律，懂得运用普遍规律来处理现实存在的具体事物。也可以说这是教一般人怎样掌握和运用“道”。得“道”之士的精神境界远远超出一般人所能理解的水平，他们具有谨慎、警惕、严肃、洒脱、融和、纯朴、旷达、浑厚等人格修养功夫，他们微而不显、含而不露、高深莫测，为人处事，从不自满高傲。本章里“蔽

而新成”四字，有的版本作“蔽不新成”，这样，含义就迥然相异，前者解释为去故更新，后者则是安于陈旧，不求新成的意思。本书取“蔽而新成”，大致符合上下文意。

[评析]

“道”是玄妙精深、恍惚不定的。一般人对“道”感到难于捉摸，而得“道”之士则与世俗之人明显不同，他们有独到的风貌、独特的人格形态。世俗之人“嗜欲深者天机浅”，他们极其浅薄，让人一眼就能够看穿；得“道”人士静密幽沉、难以测识。老子在这里也是勉强地为他们做了一番描述，即“强为容”。他们有良好的人格修养和心理素质，有良好的静定功夫和内心活动。表面上他们清静无为，实际上极富创造性，即静极而动、动极而静，这是他们的生命活动过程。老子所理想的人格是敦厚朴实、静定持心，内心世界极为丰富，并且可以在特定的条件下，由静而转入动。这种人格上的静与动同样符合于“道”的变化规律。

第十六章

[原文]

致虚极，守静笃[①]；万物并作[②]，吾以观复[③]。夫物芸芸[④]，各复归其根。归根[⑤]曰静，静曰[⑥]复命[⑦]。复命曰常[⑧]，知常曰明[⑨]。不知常，妄作凶。知常容[⑩]，容乃公，公乃全[⑪]，全乃天[⑫]，天乃道，道乃久，没身不殆。

[译文]

尽力使心灵的虚寂达到极点，使生活清静坚守不变。万物都一齐蓬勃生长，我从而考察其往复的道理。那万物纷纷芸芸，各自返回它的本根。返回到它的本根就叫做清静，清静就叫做复归于生命。复归于生命就叫自然，认识了自然规律就叫做聪明，不认识自然规律的轻妄举止，往往会出乱子和灾凶。认识自然规律的人是无所不包的，无所不包就会坦然公正，公正就能周全，周全才能符合自然的“道”，符合自然的道才能长久，终身不会遭到危险。

[注释]

①致虚极，守静笃：虚和静都是形容人的心境是空明宁静状态，但由于外界的干扰、诱惑，人的私欲开始活动。因此心灵蔽塞不安，所以必须注意“致虚”和“守静”，以期恢复心灵的清明。极、笃，意为极度、顶点。

②作：生长、发展、活动。

③复：循环往复。

④芸芸：茂盛、纷杂、繁多。

⑤归根：根指道，归根即复归于道。

⑥静曰：一本作“是谓”。

⑦复命：复归本性，重新孕育新的生命。

⑧常：指万物运动变化的永恒规律，即守常不变的规则。

⑨明：明白、了解。

⑩容：宽容、包容。

⑪全：周到、周遍。

⑫天：指自然的天，或为自然界的代称。

[引语]

本章里，老子特别强调致虚守静的功夫。他主张人们应当用虚寂沉静的心境，去面对宇宙万物的运动变化。在他看来，万事万物的发展变化都有其自身的规律，从生长到死亡、再生长到再死亡，生生不息，循环往复以至于无穷，都遵循着这个运动规律。老子希望人们能够了解、认识这个规律，并且把它应用到社会生活之中。在这里，他提出“归根”、“复命”的概念，主张回归到一切存在的根源，这里是完全虚静的状态，这是一切存在的本性。

[评析]

以往人们研究老子，总是用“清静无为”、“恬淡寡欲”这几句话概括老子的人生态度。但从总体上看，老子比较重视清静无为，主要是就治国治世而言的政治用语，不完全指修身的问题。这一章并不是专讲人生，而是主要讲认识世界，当然也包括认识人生。但无论是认识人生哲理，还是认识客观世界，其基本态度是“致虚”、“清静”、“归根”和“复命”。先说“致虚”。虚无是道的本体，但运用起来却是无穷无尽的。“致虚极”是要人们排除物欲的诱惑，回归到虚静的本性，这样才能认识“道”，而不是为争权夺利而忘了“道”。“致虚”必“守静”，因为“虚”是本体，而“静”则在于运用。司马迁说：“李耳无为自化，清静自正。”这是很扼要的概括。“静”与“动”是一对矛盾，在这个矛盾中，老子着重于“静”而不是“动”，也不否定“动”的作用。再说“归根”。根是草木所由生的部分，有根本、根源、根基诸义，是一切事物起点。在老子看来，对立是过程，是相对的，统一是归宿，是绝对的。这就是归根的哲学含义。不过，老子哲学带有循环论的色彩。任继愈说：“老子主张要虚心，静观万物发展和变化，他认为万物的变化是循环往复的，变来变去，又回到它原来的出发点（归根），等于不变，所以叫做静。既然静是万物变化的总原则，所以是常（不变），为了遵循这一静的原则，就不要轻举妄动，变革不如保守安全。把这一原则应用到生活、政治各方面，他认为消极无为，可以不遭危险。”

第十七章

[原文]

太上①，不知有之②；其次，亲而誉之；其次，畏之；其次，侮之。信不足焉，有不信焉。悠兮③，其贵言④。功成事遂，百姓皆谓“我自然”⑤。

[译文]

最好的统治者，人民并不知道他的存在；其次的统治者，人民亲近他并且称赞他；再次的统治者，人民畏惧他；更次的统治者，人民轻蔑他。统治者的诚信不足，人民才不相信他，最好的统治者是多么悠闲。他很少发号施令，事情办成功了，老百姓说“我们本来就是这样的”。

[注释]

①太上：至上、最好，指最好的统治者。
②不知有之：人民不知有统治者的存在。
③悠兮：悠闲自在的样子。
④贵言：指不轻易发号施令。
⑤自然：自己本来就如此。

[引语]

这一章里，老子提出了自己的政治思想主张，他把统治者按不同情况分为四种，其中最好的统治者是人民不知道他的存在，最坏的统治者是被人民所轻侮，处于中间状况的统治者是老百姓亲近并称赞他，或者老百姓畏惧他。老子理想中的政治状况是：统治者具有诚杯信实的素质，他悠闲自在，很少发号施令，政府只是服从于人民的工具而已，政治权力丝毫不得逼临于人民身上，即人民和政府相安无事，各自过着安闲自适的生活。当然，这只是老子的主观愿望，是一种乌托邦式的政治幻想。

[评析]

老子在全书中第一次描画了他的理想国政治蓝图。第一句四个层次的划分，不是从古到今的时代或时间顺序，而是指为治理好坏的统治状况。在老子的观念里，理想的“圣人”是要“处无为之可，行不言之教”，要如处“太上”之世，体“玄德”之君，能够“生之畜之”。

在《帝王世纪》中，记载了帝尧之世，“天下太和，百姓无事，有五老人击壤于道，观者叹曰：大哉尧之德也！老人曰：‘日出而作，日入而息。凿井而饮，耕田而食。帝力于我何有哉？’”这种生动的画面，可以说是对老子的“百姓皆曰我自然”的最好图解。

在本章中，老子把这种理想的政治情境，与儒家主张实行的“德治”、法家主张实行的“法治”相对比，将其等而下之。实行“德治”，老百姓觉得统治者可以亲信，而且称赞他，这当不错，但还是次于“无为而治”者。实行“法治”的统治者，用严刑峻法来镇压人民，实行残暴扰民政策，这就是统治者诚信不足的表现，人民只是逃避他，畏惧他。老子强烈反对这种“法治”政策，而对于“德治”，老子认为这已经是多事的征兆了。最美好的政治，莫过于统治者“贵言”，从不轻易发号施令，人民和政治相安无事，以至于人民根本不知道统治者是谁。当然，这种美治在当时并不存在，只是老子的“乌托邦”式幻想。

第十八章

[原文]

大道[1]废，有仁义；智慧[2]出，有大伪；六亲[3]不和，有孝慈[4]；国家昏乱，有忠臣。

[译文]

大道被废弃了，才有提倡仁义的需要；聪明智巧的现象出现了，伪诈才盛行一时；家庭出现了纠纷，才能显示出孝与慈；国家陷于混乱，才能见出忠臣。

[注释]

①大道：指社会政治制度和秩序。

②智慧：聪明、智巧。

③六亲：父子、兄弟、夫妇。

④孝慈：一本作孝子。

[引语]

本章可以从两方面来理解。一是它的直接内容，即指出由于君上失德，大道废弃，需要提倡仁义以挽颓风。老子对当时病态社会的种种现象加以描述。二是表现了相反相成的辩证法思想，老子把辩证法思想应用于社会，分析了智慧与虚伪、孝慈与家庭纠纷、国家混乱与忠臣等，都存在着对立统一的关系。国家大治、六亲和顺，就显不出忠臣孝子；只有六亲不和、国家昏乱，才需要提倡孝和忠，这也是相互依属的关系。这是说，社会对某种德行的提倡和表彰，正是由于社会特别欠缺这种德行的缘故。

[评析]

本章接着上一章“信不足焉，有不信焉”，认为社会上出现的仁义、大伪、孝慈、忠臣等，都是由于君上失德所致。至德之世，大道兴隆，仁义行于其中，人皆有仁义，所以仁义看不出来；也就有倡导仁义的必要。及至大道废弃，人们开始崇尚仁义，试图以仁义挽颓风，此时，社会已经是不纯厚了。在这里，老子把辩证法运用于社会治理，他指出：仁义与大道废、大伪与智慧出、孝慈与六亲不和、忠臣与国家昏乱，形似相反，实则相成，老子揭示了它们之间的对立统一关系，表达了相当丰富的辩证思想。

第十九章

[原文]

绝圣弃智①，民利百倍；绝仁弃义，民复孝慈；绝巧弃利，盗贼无有。此三者②以为文③不足，故令有所属④；见素抱朴⑤，少私寡欲；绝学无忧⑥。

[译文]

抛弃聪明智巧，人民可以得到百倍的好处；抛弃仁义，人民可以恢复孝慈的天性；抛弃巧诈和货利，盗贼也就没有了。圣智、仁义、巧利这三者全是巧饰，作为治理社会病态的法则是不够的，所以要使人们的思想认识有所归属，保持纯洁朴实的本性，减少私欲杂念，抛弃圣智礼法的浮文，才能免于忧患。

[注释]

①绝圣弃智：抛弃聪明智巧。

②此三者：指圣智、仁义、巧利。

③文：条文、法则。

④属：归属、适从。

⑤见素抱朴：意思是保持原有的自然本色。“素”是没有染色的丝；“朴”是没有雕琢的木；素、朴是同义词。

⑥绝学无忧：指弃绝仁义圣智之学。

[引语]

上一章叙述了大道废弃后社会病态的种种表现，本章则针对社会病态，提出治理的方案。在前一章里，老子说“智慧出，有大伪”，因而主张抛弃这种聪明智巧。他认为“圣”、“智”产生法制巧诈，用法制巧诈治国，便成为扰民的“有为”之政。抛弃这种扰民的政举，人民就可以得到切实的利益。本章中，许多本子引到“少私寡欲”结束，把“绝学无忧”作为下一章的开端。本书主张把此句放在本章的观点，“绝学无忧”正可以与前句“见素抱朴，少私寡欲”并列。

[评析]

前苏联学者杨兴顺认为，“作为人民利益的真诚捍卫者，老子反对中国古代统治阶级的一切文化。他认为这种文化是奴役人民的精神武器，‘下德’的圣人借此建立各种虚伪的道德概念，而只有‘朝甚除’的人们才能享用这种文化的物质财富。不宁唯是，这一切产生虚伪的文化还腐蚀了淳朴的人民，激发了他们对‘奇物’的欲望。这种文化乃是‘乱之首’。从这些表白中，可以明显地看出，老子斥责统治阶级的文化，在他看来，这种文化和具有规律性的社会现象是矛盾的，即和‘天之道’是矛盾的。必须抛弃这种文化。它对人民毫无益处。由此可见，老子反对统治阶级的文化，否认它对人民的意义，并提出一种乌托邦思想——使人民同这种文化隔绝。”老子的政治主张虽不可取，但他提出的“见素抱朴，少私寡欲”，恢复人的自然本性的观点，并非是没有意义的。

此外，对于“绝学无忧”一句，在学术界有三种不同的理解。一种认为，“绝学无忧”指弃绝学习就没有忧虑了。这种解释认为老子要毁灭一切文化，当然也就不要学习了。这种意义认为，老子是愚民政策的创始人，是倡导愚民思想和政策的鼓吹者。另一种意见认为，“绝学”，指抛弃那些讲圣智、仁义、巧利的学问，将其置于身外，免去权欲的诱惑，做到无忧无患。还有一种意见认为，老子所说的“绝”，其实就是绝招的“绝”，是指至深、独到的学问，老子认为只有取得不同于世俗的独到学问，才能获得对私欲无所冲动的自由。这种意见认为老子正是这样的具有绝学独到的人，表明了他的学习态度。

第二十章

[原文]

唯之与阿①，相去几何？美之与恶②，相去若何？人之所畏③，不可不畏。荒兮④，其未央⑤哉！众人熙熙⑥，如享太牢⑦，如春登台⑧。我⑨独泊⑩兮，其未兆⑪；沌沌兮⑫，如婴儿之未孩⑬；乘乘兮⑭，若无所归。众人皆有余⑮，而我独若遗⑯。我愚人⑰之心也哉！俗人昭昭⑱，我独昏昏⑲。俗人察察⑳，我独闷闷㉑。澹兮㉒，其若海；飂兮㉓，若无止。众人皆有以㉔，而我独顽且鄙㉕。我独异于人，而贵食母㉖。

[译文]

应诺和呵斥，相距有多远？美好和丑恶，又相差多少？人们所畏惧的，不能不畏惧。这风气从远古以来就是如此，好像没有尽头的样子。众人都熙熙攘攘、兴高采烈，如同去参加盛大的宴席，如同春天里登台眺望美景。而我却独自淡泊宁静，无动于衷。混混沌沌啊，如同婴儿还不会发出嘻笑声。疲倦闲散啊，好像浪子还没有归宿。众人都有所剩余，而我却像什么也不足。我真是只有一颗愚人的心啊！众人光辉自炫，唯独我迷迷糊糊；众人都那么严厉苛刻，唯独我这样淳厚宽宏。恍惚啊，像大海汹涌；恍惚啊，像飘泊无处停留。世人都精明灵巧有本领，唯独我愚昧而笨拙。我唯独与人不同的，关键在于得到了“道”。

[注释]

①唯之与阿：唯，恭敬地答应，这是晚辈回答长辈的声音；阿，怠慢地答应，这是长辈回答晚辈的声音。唯的声音低，阿的声音高，这是区别尊贵与卑贱的用语。

②美之与恶：美，一本作善，恶作丑解。即美丑、善恶。

③畏：惧怕、畏惧。

④荒兮：广漠、遥远的样子。

⑤未央：未尽、未完。

⑥熙熙：熙，和乐，用以形容纵情奔欲、兴高采烈的情状。

⑦享太牢：太牢是古代人把准备宴席用的牛、羊、猪事先放在牢里养着。此句为参加丰盛的宴席。

⑧如春登台：好似在春天里登台眺望。

⑨我：可以将此“我”理解为老子自称，也可理解为所谓“得道之士”。

⑩泊：淡泊、恬静。

⑪未兆：没有征兆、没有预感和迹象，形

容无动于衷、不炫耀自己。

⑫沌沌（dùn）兮：混沌，不清楚。

⑬孩：同“咳”，形容婴儿的笑声。

⑭乘乘兮：疲倦闲散的样子。

⑮有余：有丰盛的财货。

⑯遗：不足的意思。

⑰愚人：纯朴、直率的状态。

⑱昭昭：智巧光耀的样子。

⑲昏昏：愚钝暗昧的样子。

⑳察察：严厉苛刻的样子。

㉑闷闷：纯朴诚实的样子。

㉒澹兮：辽远广阔的样子。

㉓飂兮：急风。

㉔有以：有用、有为、有本领。

㉕顽且鄙：形容愚陋、笨拙。

㉖贵食母：母用以比喻“道”，道是生育天地万物之母。此句意为以守道为贵。

[引语]

老子从辩证法的原理认为，贵贱善恶、是非美丑种种价值判断都是相对形成的，而且随环境的差异而变动。在本章里，老子将世俗之人的心态与自己的心态作了对比描述。它揭露社会上层追逐物欲的贪婪之态，并以相反的形象夸张地描述自己。文中的“我”指老子本人，但又不仅仅是指他个人，而是一种有抱负、有期望的人。“众人”、“俗人”指社会上层。这些人对是非、善恶、美丑的判断，并无严格标准，甚至是混淆的、任意而行。他说“我”是“愚人之心”，这当然是正话反说。世俗之人纵情于声色货利，而“我”却甘守淡泊朴素，以求精神的升华，而不愿随波逐流。

[评析]

任继愈在《老子新译》中说，“老子对当时许多现象看不惯，把众人看得卑鄙庸俗，把自己看得比谁都高明。而在表面上却故意说了些贬低自己的话，说自己低能、糊涂、没有本领，其实是从反面抬高

自己，贬低社会上的一般人。他在自我吹嘘、自我欣赏，最后一句，说出他的正面意见，他和别人不同之处，在于得到了‘道’。”在老子看来，善恶美丑贵贱是非，都是相对形成的，人们对于价值判断，经常随着时代的不同而变换，随着环境的差异而更改。世俗的价值判断极为混淆，众人所戒忌的，也正是自己不必触犯的。在这里，老子也说了一些牢骚话，使人感到愤世嫉俗的意味，其中不乏深入的哲理。他说明自己在价值观上，在生活态度上，不同于那些世俗之人，他们熙熙攘攘，纵情于声色货利，而老子自己则甘愿清贫淡泊，并且显示出自己与众人的疏离和相异之处。

第二十一章

[原文]

孔[1]德[2]之容[3]，惟道是从。道之为物，惟恍惟惚[4]。惚兮恍兮，其中有象[5]；恍兮惚兮，其中有物；窈兮冥兮[6]，其中有精[7]，其精甚真[8]，其中有信[9]，自今及古[10]，其名不去，以阅众甫[11]。吾何以知众甫之状哉？以此[12]。

[译文]

大德的形态，是由道所决定的。“道”这个东西，没有清楚的固定实体。它是那样的恍恍惚惚啊，其中却有形象。它是那样的恍恍惚惚啊，其中却有实物。它是那样的深远暗昧啊，其中却有精质；这精质是最真实的，这精质是可以信验的。从当今上溯到古代，它的名字永远不能废除，依据它，才能观察万物的初始。我怎么才能知道万事万物开始的情况呢？是从

"道"认识的。

[注释]

①孔：甚，大。

②德："道"的显现和作用为"德"。

③容：运作、形态。

④恍惚：仿佛、不清楚。

⑤象：形象、具象。

⑥窈兮冥兮：窈，深远，微不可见。冥，暗昧，深不可测。

⑦精：最微小的原质，极细微的物质性的实体。微小中之最微小。

⑧甚真：是很真实的。

⑨信：信实、信验，真实可信。

⑩自今及古：一本作"自古及今"。

⑪众甫：甫与父通，引申为始。

⑫以此：此指道。

[引语]

从本书第一章起，老子就指出"道"是宇宙的本原。但这个本原"道"，是精神的还是物质的呢？对此问题，学术界的解释不同，就出现"道"是唯心主义的和"道"是唯物主义这两种观点。本章中，老子进一步发挥第十四章关于"道"是"无状之状，无物之象，是谓惚恍"的观点，明确地提出"道"由极其微小的物质所组成，虽然看不见，无形无象，但确实存在，万物都是由它产生的。在本章里，老子还提出"德"的内容是由"道"决定的，"道"的属性表现为"德"的观点，集中地描述了"道"的一些特点。一章、四章、十四章、本章和二十五章，是研究老子哲学思想的核心——道的性质问题的重要篇章。

[评析]

学术界一派观点认为老子的"道"不是物质实体，而是绝对精神之类的东西，这种观点有待商榷。我们的观点是倾向于"道"具有物质性的这种意见。因为老子说了“道之为物”，又说“道”中有物、有象、有精，这显然不属于观念性，而是属于物质性的东西。在以后的章节里，还将遇到此类问题。

此外，关于道与德的关系问题，老子的意见是：“道”是无形的，它必须作用于物，透过物的媒介，而得以显现它的功能。这里，“道”之所显现于物的功能，老子把它称为“德”，“道”产生了万事万物，而且内在于万事万物，在一切事物中表现它的属性，也就是表现了它的“德”，在人生现实问题上，“道”体现为“德”。

第二十二章

[原文]

曲则全，枉①则直，洼则盈，敝②则新，少则得，多则惑。是以圣人抱一③为天下式④。不自见⑤，故明⑥；不自是，故彰，不自伐⑦，故有功；不自矜，故长。夫唯不争，故天下莫能与之争。古之所谓“曲则全”者，岂虚言哉？诚全而归之。

[译文]

委曲便会保全，屈枉便会直伸；低洼便会充盈，陈旧便会更新；少取便会获得，贪多便会迷惑。所以有道的人坚守这一原则作为天下事理的范式，不自我表扬，反能显明；不自以为是，反能是非彰明；不自己夸耀，反能得到功劳；不自我矜持，所以才能长久。正因为不与人争，所以遍天下没有人能与他争。古时所谓“委曲便会保全”的话，怎么会是空话呢？它实实在在能够达到。

[注释]

①枉：屈、弯曲。

②敝：凋敝。

③抱一：抱，守。一，即道。此意为守道。

④式：法式，范式。

⑤见：通“现”。

⑥明：彰明。

⑦伐：夸。

[引语]

这一章，老子从生活经验的角度，进一步深化了第二章所阐释的辩证法思想。第二章重点讲的是矛盾的转化。本章一开头，老子就用了六句古代成语，讲述事物由正面向反面变化所包含的辩证法思想，即委曲和保全、弓屈和伸直、不满和盈溢、陈旧和新生、缺少和获得、贪多和迷惑。他用辩证法思想作为观察和处理社会生活的原则，最后他得出的结论是“不争”。

[评析]

普通人所看到的只是事物的表象，看不到事物实质。老子从自己丰富的生活经验中总结出带有智慧的思想，给人们以深深的启迪。生活在现实社会的人们，不可能做任何事情都一帆风顺，极有可能遇到各种困难，在这种情况下，老子告诉人们，可以先采取退让的办法，等待，静观以待变，然后再采取行动，从而达到自己的目标。

在《庄子·天下》篇中，庄子说老子之道是“人皆求福，己独曲全。曰，‘苟免于咎’。”这里说的“曲全”，便是“苟免于咎”。老子认为，事物常在对立的关系中产生，人们对事物的两端都应当观察，从正面去透视负面的状况，对于负面的把握，更能显现出正面的内涵。事实上，正面与负面，并非截然不同的东西，而是经常共存的关系。普通人只知道贪图眼前的利益，急功近利，这未必是好事。老子告诫人们，要开阔视野，要虚怀若谷，坚定地朝着自己的目标前进。但是如果不考虑客观情况，一味蛮干，其结果只能适得其反。

在“曲”里存在着“全”的道理，在“枉”里存在着“直”的道理，在“洼”里存在着“盈”的道理，在“敝”里存在着“新”的道理，因而把握了其中的奥秘，就可以做到“不争”。事实当然并非完全如此，有些事不争也可以取得成功，有些事不争就不能取得成功。

第二十三章

[原文]

希言①自然。故飘风②不终朝，骤雨③不终日，孰为此者？天地。天地尚不能久，而况于人乎？故从事于道者④同于道；德者同于德；失者同于失⑤。同于道者，道亦乐得之；同于德者，德亦乐得之；同于失者，失亦乐得之。信不足焉，有不信焉！

[译文]

不言政令不扰民是合乎于自然的。狂风刮不了一个早晨，暴雨下不了一整天。谁使它这样的呢？天地。天地的狂暴尚且不能长久，更何况是人呢？所以，从事于道的就同于道，从事于德的就同于德，从事于失的人就同于失。同于道的人，道也乐于得到他；同于德的人，德也乐于得到他；同于失的人，失也乐于得到他。统治者的诚信不足，就会有人不信任。

[注释]

①希言：字面意思是少说话。此处指统治者少施加

政令、不扰民的意思。

②飘风：大风、强风。

③骤雨：大雨、暴雨。

④从事于道者：按道办事的人。此处指统治者按道施政。

⑤失：指失道或失德。

[引语]

这一章和十七章都是相对应的。十七章揭示出严刑峻法的高压政策，徒然使百姓“畏之侮之”。因而希望统治者加以改变。前面几章已多次阐明“行不言之教”、“悠兮其贵言”、“多言数穷”等类似的话，本章一开始便继续阐述“希言自然”的道理。这几个“言”字，按字面解释，是说话，内含的意思都是指政教法令。老子用自然界狂风暴雨必不持久的事实作比喻，告诫统治者少以强制性的法令横加干涉，更不要施行暴政，而要行“清静无为”之政，才符合于自然规律，才能使百姓安然畅适。倘若以法令戒律强制人民，用苛捐杂税榨取百姓，那么人民就会以背戾抗拒的行动对待统治者，暴政将不会持久。

[评析]

在这一章里，老子说得道的圣人（统治者）要行“不言之教”。他说，只要相信道，照着做，就自然会得到道。反之，就不可能得到道。在本章里老子举自然界的例子，说明狂风暴雨不能整天刮个不停、下个没完。天地掀起的暴风骤雨都不能够长久，更何况人滥施苛政、虐害百姓呢？这个比喻十分恰切，有很强的说服力。它告诫统治者要遵循道的原则，遵循自然规律，暴政是长久不了的，统治者如果清静无为，那么社会就会出现安宁平和的风气，统治者如果恣肆横行，那么人民就会抗拒他；如果统治者诚信不足，老百姓就不会信任他。纵观古今中外的历史，哪一个施行暴戾苛政的统治者不是短命而亡呢？中国第一个封建中央集权的王朝秦王朝仅仅存在了一二十年的时间，原因何在？就是由于秦朝施行暴政、苛政，人民群众无法按正常方式生活下去了，被迫揭竿而起。另一个短命而亡的王朝隋朝何尝不是因施行暴政而激起人民的反抗，最后被唐王朝所取代呢？历史是一面镜子，它反映出的是统治者清静无为，不对百姓们发号施令，强制人民缴粮纳税，那么这个社会就比较符合自然，就比较清明纯朴，统治者与老百姓相安无事，统治者的天下就可以长存。

第二十四章

[原文]

企[1]者不立，跨[2]者不行；自见者不明；自是者不彰；自伐者无功；自矜者不长。其在道也，曰余食赘形[3]。物或恶之，故有道者不处。

[译文]

踮起脚跟想要站得高，反而站立不住；迈起大步想要前进得快，反而不能远行。自逞己见的反而得不到彰明；自以为是的反而得不到显昭；自我夸耀的建立不起功勋；自高自大的不能做众人之长。从道的角度看，以上这些急躁炫耀的行为，只能说是剩饭赘瘤。因为它们是令人厌恶的东西，所以有道的人决不这样做。

[注释]

①企：一本作“支”，意为举起脚跟，脚尖着地。

②跨：跃、越过，阔步而行。

③赘形：多余的形体，因饱食而使身上长出多余的肉。

[引语]

在本章里，老子用“企者不立，跨者不行”作比喻，说“自见”、“自我”、“自矜”的后果都是不好的，不足取的。这些轻浮、急躁的举动都是反自然的，短暂而不能持久。急躁冒进，自我炫耀，反而达不到自己的目的。本章不仅说明急躁冒进、自我炫耀的行为不可恃，也喻示着雷厉风行的政举将不被人们所普遍接受。

[评析]

在帛书甲、乙本中，这一章都抄写在二十二章前面，因为此章与二十一章内容相一致，叙述用的语气、语言也是一种风格。这样的排列顺序，或许是有道理的。本章所具体阐述的问题，仍然是有关社会政治及其得失的内容，同时还包含有辩证法的观点。即“企者不立”、“跨者不行”、“自见者不明”、“自是者不彰”、“自伐者无功”、“自矜者不长”。这些表现及其结果往往是对立的、相互矛盾的。这是老子思想中极富精义的部分。不过在这其中仍然贯穿着以退为进和所谓“委曲求全”的处世哲学。这种观点、这种态度绝不是无条件的、在任何情况下都可以采用的，而仅是对现实斗争中某种情况下可以采用的策略，这虽然说不上是在逃避现实的政治斗争，但表面上给人的印象却是消极退守、防御。当然，这是老子哲学思想的一贯主张。不过在现实生活中一定要灵活运用，它并不是放之四海而皆准的真理。

第二十五章

[原文]

有物混成①，先天地生。寂兮寥兮②，独立而不改③，周行而不殆④，可以为天地母⑤。吾不知其名，强字之曰：道⑥，强为之名曰：大⑦。大曰逝⑧，逝曰远，远曰反⑨。故道大，天大，地大，人亦大⑩。域中⑪有四大，而人居其一焉。人法地，地法天，天法道，道法自然[12]。

[译文]

有一个东西混然而成，在天地形成以前就已经存在。听不到它的声音也看不见它的形体，寂静而空虚，不依靠任何外力而独立长存永不停息，循环运行而永不衰竭，可以作为万物的根本。我不知道它的名字，所以勉强把它叫做“道”，再勉强给它起个名字叫做“大”。它广大无边而运行不息，运行不息而伸展遥远，伸展遥远而又返回本原。所以说道大、天大、地大、人也大。宇宙间有四大，而人居其中之一。人取法地，地取法天，天取法“道”，而道纯任自然。

[注释]

①有物混成：物，指“道”。混成，混然而成，指浑朴的状态。

②寂兮寥兮：没有声音，没有形体。

③独立而不改：形容“道”的独立性和永恒性，它不靠任何外力而具有绝对性。

④周行而不殆：周行，循环运行。不殆，不息之意。

⑤天地母：一本作“天下母”。母，指“道”，天地万物由“道”而产生，故称“母”。

⑥强字之曰：道，勉强命名它叫“道”。

⑦大：形容“道”是无边无际的、力量无穷的。

⑧逝：指“道”的运行周流不息，永不停止的状态。

⑨反：另一本作“返”。意为返回到原点，返回到原状。

⑩人亦大：一本作“王亦大”，意为人乃万物之灵，与天地并立而为三才，即天大、地大、人亦大。

⑪域中：即空间之中，宇宙之间。

⑫道法自然：“道”纯任自然，本来如此。

[引语]

截至本章，我们对老子的“道”，已经有了几点基本的了解。这一章，老子描述了“道”的存在和运行，这是《道德经》里很重要的内容。主要包括：“有物混成”，用以说明“道”

是浑朴状态的，它是圆满和谐的整体，并非由不同因素组合而成的。“道”无声无形，先天地而存在，循环运行不息，是产生天地万物之“母”。“道”是一个绝对体。现实世界的一切都是相对而存在的，而唯有“道”是独一无二的，所以“道”是“独立而不改”的。在本章里，老子提出“道”、“人”、“天”、“地”这四个存在，“道”是第一位的。它不会随着变动运转而消失。它经过变动运转又回到原始状态，这个状态就是事物得以产生的最基本、最根源的地方。

[评析]

关于“道”的性质和“道”的规律，其基本点在第一、四、十四、二十一和本章里都看到了。即“道”是物质性的、最先存在的实体，这个存在是耳不闻目不见，又寂静又空虚，不以人的意志为转移而永远存在，无所不至地运行而永不停止。任继愈说：“道不是来自天上，恰恰是来自人间，来自人们日常生活所接触到的道路。比起希腊古代唯物论者所讲的‘无限’来，似乎更实际些，一点也不虚玄，可能人们受后来的神秘化了的‘道’的观念的影响，才认为它是状态的物体，包括有和无两种性质，由极微小的粒子在寥廓的虚空中运动所组成。它是独立存在的，也不依靠外力推动。宗教迷信的说法，认为上帝是世界的主宰者，但老子说的‘道’在上帝之前已经出现；传统观念认为世界的主宰者是‘天’，老子把天还原为天空，而道是先天地而生的。道产生万物，是天地之根，万物之母，宇宙的起源。”汤一介说：“老子讲的道是先于天地存在，只是说在时间上先于天地存在，而不是在逻辑上先于天地存在。老子讲的道虽是无形无象，但不是超空间的，而是没有固定的具体的形象，这样的道才可以变化成为有固定具体形象的天地万物。”这种观点是很中肯的。老子曾说“道在物先”，又说“物在道中”，这种判断是把“天地”作为“物质”的同义语了。

第二十六章

[原文]

重为轻根，静为躁君①。是以君子②终日行不离辎重③，虽有荣观④，燕处⑤超然。奈何万乘之主⑥，而以身轻天下⑦？轻则失根⑧，躁则失君。

[译文]

厚重是轻率的根本，静定是躁动的主宰。因此君子终日行走，不离开载装行李的车辆，虽然有美食胜景吸引着他，却能安然处之。为什么大国的君主，还要轻率躁动以治天下呢？轻率就会失去根本；急躁就会丧失主导。

[注释]

①躁：动。君：主宰。

②君子：一本作“圣人”。指理想之主。

③辎重：军中载运器械、粮食的车辆。

④荣观：贵族游玩的地方。指华丽的生活。

⑤燕处：安居之地；安然处之。

⑥万乘之主：乘指车子的数量。“万乘”指拥有兵车万辆的大国。

⑦以身轻天下：治天下而轻视自己的生命。

⑧轻则失根：轻浮纵欲，则失治身之根。

[引语]

这一章里，老子又举出两对矛盾的现象：轻与重、动与静，而且进一步认为，矛盾中一方是根本的。在重轻关系中，重是根本，轻是其次，只注重轻而忽略重，则会失去根本；在动与静的关系中，静是根本，动是其次，只重视动则会失去根本。在本章里，老子所讲的辩证法是为其政治观点服务的，他的矛头指向是“万乘之主”，即大国的国王，认为他们奢侈轻淫，纵欲自残，即用轻率的举动来治理天下。在老子看来，一国的统治者，应当静、重，而不应轻、躁，如此，才可以有效地治理自己的国家。

[评析]

在二章中，老子举出美丑、善恶、有无难易、长短、高下、音声、前后这些范畴；十三章中举出宠辱；本章又举出动静、重轻的范畴加以论述，是老子朴素辩证法思想的反映。他揭示出事物存在是互相依存的，而不是孤立的，说明他确实看到客观现象和思想现象中，矛盾是普遍存在的，存在于一切过程之中。然而，老子的辩证法思想是不彻底的。例如任继愈说：“动与静的矛盾，应当把动看做是绝对的，起决定作用的，是矛盾的主要方面。老子虽然也接触到动静的关系，但他把矛盾的主要方面弄颠倒了，也就是把事物性质弄颠倒了。因此，他把静看做起主要作用的方面。所以老子的辩证法是消极的，是不彻底的，有形而上学的因素。这种宇宙观和他所代表的没落阶级的立场完全相适应。”这个批评，点中了老子辩证法思想的局限性。不过，就本章而言，老子的观点又是可以肯定的。他在这里论述的是万乘之国的国主怎样才能够巩固和保持自己统治地位的问题。他说“静”、“重”，评“轻”、“躁”，认为“这种轻躁的作风就像断了线的风筝一样，立身行事，草率盲动，一无效准”。因而一国的统治者，应当“静”、“重”，而不是轻浮躁动，才能巩固自身的统治。

第二十七章

[原文]

善行，无辙迹[1]；善言[2]，无瑕谪[3]；善数[4]，不用筹策[5]；善闭，无关楗[6]而不可开；善结，无绳约[7]而不可解。是以圣人常善救人，故无弃人；常善救物，故无弃物。是谓袭明[8]。故善人者，不善人之师；不善人者，善人之资[9]。不贵其师，不爱其资，虽智大迷，是谓要妙[10]。

[译文]

善于行走的，不会留下辙迹；善于言谈的，不会发生病疵；善于计数的，用不着竹码子；善于关闭的，不用栓梢而使人不能打开；善于捆缚的，不用绳索而使人不能解开。因此，圣人经常挽救人，所以没有被遗弃的人；经常善于物尽其用，所以没有被废弃的物品。这就叫做内藏着的聪明智慧。所以善人可以作为恶人们的老师，不善人可以作为善人的借鉴。不尊重自己的老师，不爱惜他的借鉴作用，虽然自以为聪明，其实是大大的糊涂。这就是精深微妙的道理。

[注释]

①辙迹：轨迹，行车时车轮留下的痕迹。

②善言：指善于采用不言之教。

③瑕谪（zhé）：过失、缺点、疵病。

④数：计算。

⑤筹策：古时人们用作计算的

器具。

⑥关楗（jiàn）：栓梢。古代家户里的门有关，即栓；有楗，即梢，是木制的。

⑦绳约：绳索。约，指用绳捆物。

⑧袭明：内藏智慧聪明。袭，覆盖之意。

⑨资：取资、借鉴的意思。

⑩要妙：精要玄妙，深远奥秘。

[引语]

本章是对“自然无为”思想的引申。老子用“善行”、“善言”、“善数”、“善闭”、“善结”作喻指，说明人只要善于行不言之教，善于处无为之政，符合于自然，不必花费太大的气力，就有可能取得很好的效果，并且无可挑剔。这一章又发挥了“不自见”、“不自是”、“不自伐”、“不自矜”的道理，不从正面“贵其师”，不从反面“爱其资”，做到“虽智大迷”。因而，本章的主导思想，是把自然无为扩展应用到更为广泛的生活领域之中。

[评析]

本章所讲的内容，重在要求人们尤其是圣人要恪守“无为而治”的原则，说明有道者顺任自然以待人接物，更表达了有道者无弃人无弃物的心怀。人无弃人，物无弃物，天下的善人不善人，善物不善物，都是有用处的。善者为师，恶者为资，一律加以善待，特别是对于不善的人，并不因其不善而鄙弃他，一方面要劝勉他，诱导他，另一方面也给他一个成为善人借鉴的作用。这就考虑到事物所包涵的对立的两个方面，不要只从一个方面看。浮皮潦草、粗枝大叶；或只知其一，不知其二，便沾沾自喜。自以为无所不通、无所不精，恃才傲气，都是不可取的。

第二十八章

[原文]

知其雄①，守其雌②，为天下溪③。为天下溪，常德不离，复归于婴儿④。知其白，守其黑，为天下式⑤，为天下式，常德不忒⑥，复归于无极⑦。知其荣⑧，守其辱⑨，为天下谷⑩。为天下谷，常德乃足，复归于朴⑪。朴散则为器⑫，圣人用之，则为官长⑬，故大制不割⑭。

[译文]

深知什么是雄强，却安守雌柔的地位，甘愿做天下的溪涧。甘愿做天下的溪涧，永恒的德性就不会离失，回复到婴儿般单纯的状态。深知什么是明亮，却安于暗昧的地位，甘愿做天下的模式。甘愿做天下的模式，永恒的德行不相差失，恢复到不可穷极的真理。深知什么是荣耀，却安守卑辱的地位，甘愿做天下的川谷。甘愿做天下的川谷，永恒的德性才得以充足，回复到自然本初的素朴纯真状态。朴素本初的东西经制作而成器物，有道的人沿用真朴，则为百官之长，所以完善的政治是不可分割的。

[注释]

①雄：比喻刚劲、躁进、强大。

②雌：比喻柔静、软弱、谦下。

③溪：沟溪。

④婴儿：象征纯真、稚气。

⑤式：楷模、范式。

⑥忒：过失、差错。

⑦无极：意为最终的真理。

⑧荣：荣誉，宠幸。

⑨辱：侮辱、羞辱。

⑩谷：深谷、峡谷，喻胸怀广阔。

⑪朴：朴素。指纯朴的原始状态。

⑫器：器物。指万事万物。

⑬官长：百官的首长，领导者、管理者。

⑭大制不割：制，制作器物，引申为政治；割，割裂。此句意为：完整的政治是不割裂的。

[引语]

这一章重点讲“复归”的学说，前几章虽多次讲到这个问题，但本章是作为重点专讲的，给人留下的印象更为深刻。老子提出这样的一个原则：知雄、守雌，用这个原则去从事政治活动，参与社会生活。这种原则在老子所处的时代，可以作为一种生活态度的选择。当时正处在春秋末年，政治动荡、社会混乱、你争我夺，纷纭扰攘，面对这样一种社会状况，老子提出了“守雌”的处世原则。他认为，只要人们这样做了，就可以返朴归真，达到天下大治。此处还应注意，不仅是“守雌”，还有“知雄”。在雄雌的对立中，对于雄的一面有透彻的了解，然后处于雌的一方。本章所用的几个名词，代表着老子的一些基本观念。

[评析]

“朴”、“婴儿”、“雌”等可以说是老子哲学思想上的重要概念。在十五章里有“敦兮其若朴”；十九章“见素抱朴”；本章的“复归于朴”以及三十七章和五十七章都提到“朴”这一概念。这些地方所提到的“朴”，一般可以解释为素朴、纯真、自然、本初、淳正等意，是老子对他关于社会理想及个人素质的最一般的表述。在十章里有“专气致柔，能如婴儿乎？”二十章有“沌沌兮，如婴儿之未孩”；本章里有“复归于婴儿”以及后面的章节中也有提及“婴儿”这个概念。“婴儿”，其实也是“朴”这个概念的形象解说，只有婴儿才不被世俗的功利宠辱所困扰，好像未知啼笑一般，无私无欲，淳朴无邪。老子明确反对用仁、义、礼、智、信这些儒家的规范约束人，塑造人，反对用这些说教扭曲人的本性，这就涉及到老子所说的“复归”这个概念，即不要按照圣贤所制定的清规戒律去束缚人们，而应当让人们返回

到自然素朴状态，即所谓“返朴归真”。在本章里，老子还主张用柔弱、退守的原则来保身处世，并要求“圣人”也应以此作为治国安民的原则。守雌守辱、为谷为溪的思想，自然不能理解为退缩或者逃避，而是含有主宰性在里面，不仅守雌，而且知雄，这实在是告诫人们要居于最恰切、最妥当的地位，面对社会纷乱争斗的场面。陈鼓应说，“守雌”含有持静、处后、守柔的意思，同时也含有内收、凝敛、含藏的意义。

第二十九章

[原文]

将欲取[1]天下而为[2]之，吾见其不得已[3]。天下神器[4]，不可为也，不可执[5]也。为者败之，执者失之。是以圣人无为[6]，故无败，故无失。夫[7]物[8]或行或随[9]；或觑或吹[10]；或强或羸[11]；或载或隳[12]。以圣人去甚、去奢、去泰[13]。

[译文]

想要治理天下，却又要用强制的办法，我看他不能够达到目的。天下的人民是神圣的，不能够违背他们的意愿和本性而加以强力统治，否则用强力统治天下，就一定会失败；强力把持天下，就一定会失去天下。因此，圣人不妄为，所以不会失败；不把持，所以不会被抛弃。世人秉性不一，有前行有后随，有轻嘘有急吹，有的刚强，有的羸弱；有的安居，有的危殆。因此，圣人要除去那种极端的、奢侈的、过度的措施法度。

[注释]

①取：为、治理。

②为：指有为，靠强力去做。

③不得已：达不到、得不到。

④天下神器：天下，指天下人。神器，神圣的物。
⑤执：掌握、执掌。
⑥无为：顺应自然而不强制。
⑦夫：一本作“故”。
⑧物：指人，也指一切事物。
⑨随：跟随、顺从。
⑩或觑或吹：觑（qù），轻声和缓地吐气。吹，急吐气。
⑪羸（léi）：羸弱、虚弱。
⑫或载或隳（huī）：载，安稳。隳，危险。
⑬泰：极、太。

[引语]

本章可以看作老子论“无为”之治，对于“有为”之政所提出的警告，即“有为”必然招致失败，“有为”就是以自己的主观意志去做违背客观规律的事，或者把天下据为已有。事实上，老子所讲的“无为”，并不是无所作为，也不是在客观现实面前无能为力。他在这里说，如果以强力而有所作为或以暴力统治人民，都将是自取灭亡，世间无论人或物，都有各自的秉性，其间的差异性和特殊性是客观存在的，不要以自己的主张意志强加于人，而采取某些强制措施。理想的统治者往往能够顺任自然、不强制、不苛求，因势利导，遵循客观规律。

[评析]

在《道德经》里，老子多处谈到统治者应行“无为”之治。他极力宣传“无为”的政治思想，主张一切都要顺应自然，因应物性，希望那些得“道”的统治者治国安民，做任何事情都不要走极端，不要存奢望，不要好大喜功。

第三十章

[原文]

以道佐人主者，不以兵强天下，其事好还[①]。师之所处，荆棘生焉。大军之后，必有凶年[②]。善有果[③]而已，不敢以取强[④]。果而勿矜，果而勿伐，果而勿骄，果而不得已，果而勿强。物壮[⑤]则老，是谓不道[⑥]，不道早已[⑦]。

[译文]

依照“道”的原则辅佐君主的人，不以兵力逞强于天下。穷兵黩武这种事必然会得到报应。军队所到的地方，荆棘横生，大战之后，一定会出现荒年。善于用兵的人，只要达到用兵的目的也就可以了，并不以兵力强大而逞强好斗。达到目的了却不自我矜持，达到目的了也不去夸耀骄傲，达到目的了也不要自以为是，达到目的却出于不得已，达到目的却不逞强。事物过于强大就会走向衰朽，这就说明它不符合于“道”，不符合于“道”的，就会很快死亡。

[注释]

①其事好还：用兵这件事一定能得到还报。还，还报、报应。

②凶年：荒年、灾年。

③善有果：果，成功之意。指达到获胜的目的。

④不敢以取强：帛书本为“毋以取强”。取强，逞强、好胜。

⑤物壮：强壮、强硬。

⑥不道：不合乎于“道”。

⑦早已：早死、很快完结。

[引语]

历来在解释《道德经》的学者中，有一派认为《道德经》是一部兵书。究竟它是不是一部兵书，这个问题在本章评析中再作论述，但老子具有反战思想则是无疑的。春秋战国时代，社会动荡不安，大小战争此伏彼起，给国家带来破坏，给老百姓的生活造成灾难。老子反对战争，符合人民的利益和愿望。在本章里，老子认为战争是人类最愚昧、最残酷的行为，“师之所处，荆棘生焉”、“大军之后，必有凶年”，揭示了战争给人们带来的严重后果。老子主张反战的思想，无论在当时还是后世，都有其积极的意义。

[评析]

在《道德经》的这一章和下一章里老子都讲到用兵问题。但必须重申，《道德经》主要是一部哲学著作而不是兵书，他论兵是从哲学的角度，而不是军事学的角度。讲到许多哲学问题时，也涉及到军事，因为哲学与军事虽非属于同一学科，但有许多内在相通之处。他着重讲战乱给人们带来的严重后果，这是从反对战争这一角度出发的。因为战争是人类最残酷最愚昧的行为。本章中所讲“师之所处，荆棘生焉”、“大军之后，必有凶年”，就是讲战争给人们带来的灾难。

唐代王真《道德真经论兵要义述》说，“五千之言”，八十一章，“未尝有一章不属意于兵也”。明末王夫之也认为《道德经》可为“言兵者师之”。近人章太炎说，《道德经》一书概括了古代兵书的要旨。他指出，“老聃为柱下史，多识故事，约《金版》、《六韬》之旨，著五千言，以为后世阴谋者法。”当代学者张松如认为，八十一章中直接谈兵的，本章、下章及六十九章，共三章而已。讲哲理偶以兵事取喻者不及十章。所以《道德经》不是兵书，例如从军事学角度讲，它无论如何也不能与《孙子兵法》相提并论。在春秋战国时代，战争是社会生活中的重要内容，哲学家、思想家们对这些社会实际问题并不会熟视无睹。他们从这些战争的过程中，观察到某些带有哲理性的问题，并上升到哲学高度加以分析研究，寻找到包括战争在内的一般事物发展变化的规律，如“物壮则老”等，这无疑具有普遍的启示价值。

第三十一章

[原文]

夫兵者①，不祥之器，物或恶之②，故有道者不处。君子居则贵左③，用兵则贵右。兵者不祥之器，非君子之器，不得已而用之，恬淡④为上，胜而不美，而美之者，是乐杀人。夫乐杀人者，则不可得志于天下矣。吉事尚左，凶事尚右。偏将军居左，上将军居右。言以丧礼处之。杀人之众，以悲哀⑤莅之⑥，战胜以丧礼处之。

[译文]

兵器啊，是不祥的东西，人们都厌恶它，所以有“道”的人不使用它。君子平时居处就以左边为贵而用兵打仗时就以右边为贵。兵器这个不祥的东西，不是君子所使用的东西，万不得已而使用它，最好淡然处之，胜利了也不要自鸣得意，如果自以为了不起，那就是喜欢杀人。凡是喜欢杀人的人，就不可能得志于天下。吉庆的事情以左边为上，凶丧的事情以右方为上，偏将军居于左边，上将军居于右边，这就是说要以丧礼仪式来处理用兵打仗的事情。战争中杀人众多，要用哀痛的心情参加，打了胜仗，也要以丧礼的仪式去对待战死的人。

[注释]

①夫兵者：一本作“夫佳兵者”。兵者，指兵器。夫，作为发语词。

②物或恶之：物，指人。意为人所厌恶、憎恶的东西。

③贵左：古人以左为阳以右为阴。阳生而阴杀。尚左、尚右、居左、居右都是古人的礼仪。

④恬淡：安静、沉着。
⑤悲哀：一本作哀悲。
⑥莅之：到达、到场。

[引语]

这一章仍是讲战争之道，是上一章的继续和发挥。上一章着重从后果讲，这一章以古代的礼仪来比喻。按中国古代的礼仪看，主居右，客居左，所以居左有谦让的意思，“君子居则贵左，用兵则贵右”。老子认为，兵器战争虽然不是祥的东西，但作为君子，在迫不得已之时，也要用战争的方式达到自己的目的，只是在获取胜利时不要以兵力逞强，不要随意地使用兵力杀人。相反，对于在战争中死去的人，还要真心表示哀伤痛心，并且以丧礼妥善安置死者。

[评析]

战争会给人类带来巨大的灾祸，这是人所共知的。任继愈认为《道德经》“也是反对战争的”。因为在这一章里，老子说“夫兵者非君子之器也，不祥之器也”，这里显然没有主战用兵的意思。但是，老子同时又说，对于战争“不得已而用之”，这表明老子在诅咒战争的同时，也还是承认了在“不得已”时还是要采用的。在春秋战国时代，战争是普遍的，国与国之间相互攻伐，战争规模日益扩大，动辄数万、数十万的兵力投入战争之中，伤亡极其惨重，而在战争期间受危害最大的，则是普通老百姓。每逢战争，人们扶老携幼、离乡背井四处逃亡，严重破坏社会正常的生产，也造成社会秩序的动荡不安，战争的确是带来灾难的东西。所谓君子迫不得已而使用战争的手段，这是为了除暴救民，舍此别无其它目的，即使如此，用兵者也应当“恬淡为止”，战胜了也不要得意洋洋，自以为是，否则就是喜欢用武杀人。这句话是对那些喜欢穷兵黩武的人们的警告。所以，我们认为《道德经》不是兵书，不是研究战争问题的，尤其不是为用兵者出谋划策的。老子谈论战争问题，目的在于反对战争。

第三十二章

[原文]

道常无名，朴①。虽小②，天下莫能臣③。侯王若能守之，万物将自宾④。天地相合，以降甘露，民莫之令而自均⑤。始制有名⑥，名亦既有，夫亦将知止，知止可以不殆⑦。譬道之在天下，犹川谷之于江海⑧。

[译文]

“道”永远是无名而质朴的，它虽然很小不可见，天下没有谁能使它服从自己。侯王如果能够依照“道”的原则治理天下，百姓们将会自然地归从于它。天地间阴阳之气相合，就会降下甘露，人们不必指使它而会自然均匀。治理天下就要建立一种管理体制，制定各种制度确定各种名分，任命各级官长办事。名分既然有了，就要有所制约，适可而止，知道制约、适可而止，就没有什么危险了。“道”存在于天下，就像江海，一切河川溪水都归流于它，使万物自然宾服。

[注释]

①无名，朴：这是指“道”的特征。

②小：用以形容“道”是隐而不可见的。

③莫能臣：臣，使之服从。这里是说没有人能臣服它。

④自宾：宾，服从。自将宾服于“道”。

⑤自均：自然均匀。

⑥始制有名：万物兴作，于是产生了各种名称。名，即名分，即官职的等级名称。

⑦可以不殆：不殆，没有危险。

⑧犹川谷之于江海：之于，流入；一说正文应为“道之在天下，譬犹江海之与川谷”。

[引语]

这一章讲了“无名”、“有名”、“知止”，“无名”、“有名”不是第一章中以“无”名、以“有”名的“无”和“有”的概念。“无名”指完全做到了不自见、不自是、不自伐、不自矜，所以称之为“朴”。因此，本章表达了老子的“无为”的政治思想，认为侯王若能依照“道”的法则治天下，顺应自然，那样，百姓们将会自动地服从于他。老子用“朴”来形容“道”的原始“无名”的状态，这种原始质朴的“道”，向下落实使万物兴作，于是各种名称就产生了。立制度、定名分、设官职，不可过分，要适可而止，这样就不会纷扰多事。老子认为，“名”是人类社会引争端的重要根源。

[评析]

任继愈认为，“老子的哲学，无论在世界观方面或在辩证法方面，都具有这种素朴的、直观的特点，老子的书中也是用直观来说明自然现象的普遍联系的。老子对世界的本原，说‘无以名之，字之曰道，强名之曰大’，又把道叫做‘朴’（“道常无名，朴虽小，天下莫能臣”）。有时把道叫做‘无名’（一章，“无名，天下之始”。三十二章，“道常无名”。三十七章，“……镇之以无名之朴”。四十一章，“道隐无名”）。从这些例子可以证明老子书中的道，实在是混然一体‘无’名或‘朴’。把老子的道看做纯精神的客观实在为绝对理念，与老子的原意不合。”我们知道，《道德经》里所讲的“道”，就是指物质世界的实体及其变化的原因和规律。“道”是永恒的，既如无名之朴，是极幽微的；而且还适用于新旧转化运动的客观规律。张松如说，老子的所谓“道”，只是由思维形式表述的一些东西，并不直接适用于对待客观现实的事物和现象。但是从另一方面看，“道”又是具有最大共性的“无名、朴”，并且还适用于新旧转化的客观规律，在整个“大、逝、远、反”的进程中，它的存在是具有本质和现象、形式和内容、可能和现实，以及动静、因果等等关系性的辩证范畴。

第三十三章

[原文]

知人者智，自知者明。胜人者有力，自胜者强①。知足者富，强行②者有志，不失其所者久，死而不亡③者寿。

[译文]

能了解、认识别人叫做智慧，能认识、了解自己才算聪明。能战胜别人是有力的，能克制自己的弱点才算刚强。知道满足的人才是富有人。坚持力行、努力不懈的就是有志。不离失本分的人就能长久不衰，身虽死而“道”仍存的，才算真正的长寿。

[注释]

①强：刚强、果决。

②强行：坚持不懈、持之以恒。

③死而不亡：身虽死而“道”犹存。

[引语]

本章讲个人修养与自我设计的问题，主张人们要丰富自己精神生活的一系列观点。在老子看来，“知人”、“胜人”十分重要，但是“自知”、“自胜”更加重要。本章与第九章、十章、十五章、二十章的写法比较类似，侧重于探讨人生哲理。老子在本章，全部用的正面直言的文字，与前面几章不同。十章用问话的形式出现，二十章以反话形式表达。他认为，一个人倘若能省视自己、坚定自己的生活信念，并且切实推行，就能够保持旺盛的生命力和饱满的精神风貌。

[评析]

中国有一句话，叫“人贵有自知之明”。这句话的最早表述者，就是老子。“自知者明”，就是说能清醒地认识自己、对待自己，这才是最聪明的，最难能可贵的。在本章里，老子提出精神修养的问题。任继愈说，这一章“宣传了一系列消极、保守、反省的精神修养观点，”“还宣传精神胜利法，说什么死而不亡是长寿，这些都是唯心主义的思想。”对于这种观点，有学者表示不同意，例如张松如认为，老子所说的这种观点“为什么是唯心主义呢，难道‘死而不亡’是‘有鬼论’吗？”他认为，这是见仁见智，人各有心。他认为个人的精神修养，可以使人具有智、明、力、强、富、志、久、寿这些品格和素质，这些都具有积极的意义。老子极力宣传“死而不亡”，这是他一贯的思想主张，体现“无为”的思想主旨。“死而不亡”并不是在宣传“有鬼论”，不是在宣扬“灵魂不灭”，而是说，人的身体虽然消失了，但人的精神是不朽的，是永垂千古的，这当然可以算做长寿了。

清末民初对《道德经》也有研究的著名学者梁启超，他曾说，人的肉体寿命不过区区数十载，人不可能长生不老，但人的精神则可以永垂不朽，因为他的肉体虽然消失了，而他的学说、他的思想、他的精神却会长期影响当代及后代的人们，从这个意义上讲，人完全可以做到“死而不亡”。梁启超的这种观点，应该讲主要所受的不是佛学的影响，而是受到老子思想的影响。

第三十四章

[原文]

大道氾①兮，其可左右。万物恃之以生而不辞②，功成而不有③。衣养④万物而不为主⑤，常无欲⑥，可名于小⑦；万物归焉而不为主，可名为大⑧。以其终不自为大，故能成其大。

[译文]

大道广泛流行，左右上下无所不到。万物依赖它生长而不推辞，完成了功业，办妥了事业，而不占有名誉。它养育万物而不自以为主，可以称它为“小”，万物归附而不自以为主宰，可以称它为“大”。正因为他不自以为伟大，所以才能成就它的伟大、完成它的伟大。

[注释]

①汜（sì）：同“泛”，广泛或泛滥。

②辞：言词，称说。不辞，意为不说三道四，不推辞、不辞让。

③不有：不自以为有功。

④衣养：一本作“衣被”，意为覆盖。

⑤不为主：不自以为主宰。

⑥常无欲：一本无此二字，认为此乃衍文。

⑦小：渺小。

⑧大：伟大。

[引语]

这一章说明“道”的作用，这是老子在《道德经》书中再次谈到“道”的问题。他认为，“道”生长万物，养育万物，使万物各得所需，而“道”又不主宰万物，完全顺任自然。这些观点，老子在前面某些章节中已经做过论述。这一章是继续阐发三十二章的道理，讲“道”可以名为“小”，也可名为“大”，虽然没有明确指出“圣人”、“侯王”，实际是在期望统治者们应该像“道”那样起“朴”的作用。此章内容从另一角度看，又是在谈作为“圣”、“侯王”所应该具备的素质。

[评析]

在学术界，关于老子的“道”的属性，有几种不同观点，最典型的主要是唯物论和唯心论截然对立的观点。持“唯心论”观点的学者认为“老子的‘道’是一个超时空的无差别的绝对静止的精神本体”。对此，张松如认为，“我们不这样看。‘大道汜兮，其可左右’，怎么能是‘绝对静止的精神本体’呢？而且，就它覆育万物，而不自以为是主宰这方面看，‘则恒无欲也，可名于小’；就万物归附它，而不知道谁是主宰这方面看，‘则恒无名也，可名于大’。无欲、无名、可小、可大，这个‘道’又怎么能是‘超时空的无差别’呢？”许多学者认为，“道”作为抽象概念，它既不表现物质现实事物的本身，也不能离开形式推论或理论假设的思想，它只是由思维形式表述的一些东西，并不直接适用于对待客观现实的事物和现象。我们同意张松如的观点，“道”是一个物质性的概念，它虽然是耳、目、触、嗅诸感觉器官都不能感受到的，但它却实实在在地存在于自然界，而不是仅凭人们的主观臆想存在的精神性概念。这一点是我们准确理解《道德经》中有关“道”的问题的关键所在。此外，老子在本章里发挥的“不辞”、“不有”、“不为主”的精神，可以消解占有欲、支配欲，从“衣养万物”中，使人们感受到爱与温暖的氛围。

第三十五章

[原文]

执大象①，天下往。往而不害，安平太②。乐与饵③，过客止，道之出口，淡乎其无味，视之不足见，听之不足闻，用之不足既④。

[译文]

谁掌握了那伟大的“道”，普天下的人们便都来向他投靠，向往、投靠他而不互相妨害，于是大家就和平而安泰、宁静。音乐和美好的食物，使过路的人都为之停步，用言语来表述大道，是平淡而无味的，看它，看也看不见，听它，听也听不见，而它的作用，却是无穷无尽的，无限制的。

[注释]

①大象：大道之象。

②安平太：安，乃，则，于是。太，同“泰”，平和、安宁的意思。

③乐与饵：音乐和美食。

④既：尽的意思。

[引语]

这一章，述说了“道”的作用和影响，但本章和上一章，都不完全是前面各章论“道”的重复，而是隐寓着言外之意。“道”的作用和影响不可低估，它可以使天下的人们都向它投靠而不相妨害，过上和平安宁的生活。因而可以这样说，本章实为“道”的颂歌。在《道德经》中，“道”已经被多次论及，但从来没有重复，而是层层深入、逐渐展开，使人切实感受“道”的伟大力量。

[评析]

“乐与饵”指流行的仁义礼法之治，“过客”指一般的执政者，但还不是指最高统治者。老子在本章里警诫那些执政的官员们不要沉湎于声色美食之中，应该归附于自然质朴的大道，才能保持社会的安定与发展。统治集团纵情声色，不理政事，这是在春秋末年带有普遍性的现象。诸侯国之间的战争，使人民群众遭受严重的痛苦。而在日常生活中，统治者荒于朝政，根本不关心人民群众的死活。老子对于当时这种状况极为清楚，他这章里所说的话，表明他为老百姓的安危生存而忧虑的历史责任感。

第三十六章

[原文]

将欲歙①之，必固②张之；将欲弱之，必固强之；将欲废之，必固兴之；将欲取③之，必固与④之。是谓微明⑤，柔弱胜刚强。鱼不可脱⑥于渊，国之利器不可以示人⑦。

[译文]

想要收敛它，必先扩张它，想要削弱它，必先加强它，想要废去它，必先抬举它，想要夺取它，必先给予它。这就叫做虽然微妙而又显明，柔弱战胜刚强。鱼的生存不可以脱离池渊，国家的刑法政教不可以向人炫耀，不能轻易用来吓唬人。

[注释]

①歙（xī）：敛，合。

②固：暂且。

③取：一本作“夺”。

④与：给，同“予”字。

⑤微明：微妙的先兆。

⑥脱：离开、脱离。

⑦国之利器不可以示人：利器，指国家的刑法等政教制度。示人，给人看，向人炫耀。

[引语]

有人认为这一章也是讲用兵的道理，不过我们认为这主要描述了老子的辩证法思想。本章谈到若干对儿矛盾双方互相转化的问题。例如，“物极必反”、“盛极而衰”等都可以说是自然界运动变化的规律，同时以自然界的辩证法比喻社会现象，以引起人们的警觉注意。这种观点贯穿于《道德经》全书。

[评析]

从这一章的内容看，主要讲了事物的两重性和矛盾转化辩证关系，同时以自然界的辩证法比喻社会现象，引起某些人的警觉注意。在事物的发展

过程中，都会走到某一个极限，此时，它必然会向相反的方向变化。本章的前八句是老子对于事态发展的具体分析，贯穿了老子所谓“物极必反”的辩证法思想。在以上所讲“合”与“张”、“弱”与“强”、“废”与“兴”、“取”与“与”这四对矛盾的对立统一体中，老子宁可居于柔弱的一面。在对于人与物做了深入而普遍的观察研究之后，他认识到，柔弱的东西里面蕴含着内敛，往往富于韧性，生命力旺盛，发展的余地极大。相反，看起来似乎强大刚强的东西，由于它的显扬外露，往往失去发展的前景，因而不能持久。在柔弱与刚强的对立之中，老子断言柔弱的呈现胜于刚强的外表。

第三十七章

[原文]

道常无为而无不为①。侯王若能守之②，万物将自化③。化而欲④作，吾将镇之以无名之朴⑤，镇之以无名之朴，夫将不欲⑥。不欲以静，天下将自定⑦。

[译文]

道永远是顺任自然而无所作为的，却又没有什么事情不是它所作为的。侯王如果能按照“道”的原则为政治民，万事万物就会自我化育、自生自灭而得以充分发展。自生自长而产生贪欲时，我就要用“道”来镇住它。用“道”的真朴来镇服它，就不会产生贪欲之心了，万事万物没有贪欲之心了，天下便自然而然达到稳定、安宁。

[注释]

①无为而无不为："无为"是指顺其自然，不妄为。"无不为"是说没有一件事是它所不能为的。

②守之：即守道。之，指道。

③自化：自我化育、自生自长。

④欲：指贪欲。

⑤无名之朴："无名"指"道"。"朴"形容"道"的真朴。

⑥不欲：一本作"无欲"。

⑦自定：一本作"自正"。

[引语]

本章是《道德经》中"道经"的最后一章，老子把第一章提出的"道"的概念，落实到他理想的社会和政治——自然无为。在老子看来，统治者能依照"道"的法则来为政，顺任自然，不妄加干涉，百姓们将会自由自在，自我发展。在二十五章提到"道法自然"，自然是无为的，所以"道"也无为。"静"、"朴"、"不欲"都是无为的内涵。统治者如果可以依照"道"的法则为政，不危害百姓，不胡作非为，老百姓就不会滋生更多的贪欲，他们的生活就会自然、平静。

[评析]

"无为"的思想在老子《道德经》中多次阐述、解释。本章开头第一句即是"道常无为而无不为"。老子的道不同于任何宗教的神，神是有意志的、有目的的，而"道"则是非人格化的，它创造万物，但又不主宰万物，顺任自然万物的繁衍、发展、淘汰、新生，所以"无为"实际上是不妄为、不强为。这样做的结果，当然是无不为了。第二句便引入人类社会，谈到"道"的法则在人类社会的运用。老子根据自然界的"道常无为而无不为"，要求"侯王若能守之"，即在社会政治方面，也要按照"无为而无不为"的法则来实行，从而导引出"化而欲作，吾将镇之以无名之朴"的结论。老子认为，理想的执政者，只要恪守"道"的原则，就会达到"天下将自定"这样的理想社会。这里所说的"镇"，有人解释为"镇压"，并据此认

为老子在这章的说明中露出了暴力镇压人民的面目：谁要敢闹事，那就要严厉加以镇压。这种解释，我们感到有悖于老子的原意，“镇压”应当是“镇服”、“镇定”，绝非是武力手段的“镇压”。由此，我们也认为，老子并不是代表奴隶主统治阶级的利益，而是从人类社会发展进步的角度考虑问题，并不是仅仅代表某一个阶级或阶层的利益和意愿。这表现出老子内心深沉的历史责任感。因而这是进步的、积极的。

第三十八章

[原文]

上德不德[1]，是以有德；下德不失德[2]，是以无德[3]。上德无为而无以为[4]；下德无为而有以为[5]。上仁为之而无以为；上义为之而有以为。上礼为之而莫之应，则攘臂而扔之[6]。故失道而后德，失德面后仁，失仁而后义，失义而后礼。夫礼者，忠信之薄[7]，而乱之首[8]。前识者[9]，道之华[10]，而愚之始。是以大丈夫处其厚[11]，不居其薄[12]；处其实，不居其华。故去彼取此。

[译文]

具备“上德”的人不表现为外在的有德，因此实际上是有“德”；

具备“下德”的人表现为外在的不离失“道”，因此实际是没有“德”的。“上德”之人顺应自然无心作为，“下德”之人顺应自然而有心作为。上仁之人要有所作为却没有回应他，于是就扬着胳膊强引别人。所以，失去了“道”而后才有“德”，失去了“德”而后才有“仁”，失去了“仁”而后才有“义”，失去了义而后才有礼。“礼”这个东西，是忠信不足的产物，而且是祸乱的开端。所谓

"先知"，不过是"道"的虚华，由此愚昧开始产生。所以大丈夫立身敦厚，不居于浇薄；存心朴实，不居于虚华。所以要舍弃浇薄虚华而采取朴实敦厚。

[注释]

①上德不德：不德，不表现为形式上的"德"。此句意为，具备上德的人，因任自然，不表现为形式上的德。

②下德不失德：下德的人恪守形式上的"德"，不失德即形式上不离开德。

③无德：无法体现真正的德。

④上德无为而无以为：以，心、故意。无以为，即无心作为。此句意为：上德之人顺应自然而无心作为。

⑤下德无为而有以为：此句与上句相对应，即下德之人顺任自然而有意作为。

⑥攘臂而扔之：攘臂，伸出手臂；扔，意为强力牵引。

⑦薄：不足、衰薄。

⑧首：开始、开端。

⑨前识者：先知先觉者，有先见之明者。

⑩华：虚华。

⑪处其厚：立身敦厚、朴实。

⑫薄：指礼之衰薄。

[引语]

这一章是《德经》的开头。有人认为，上篇以"道"开始，所以叫做《道经》；下篇以"德"字开始，所以叫《德经》。本章在《道德经》里比较难于理解。老子认为，"道"的属性表现为"德"，凡是符合于"道"的行为就是"有德"，反之，则是"失德"。"道"与"德"不可分离，但又有区别。因为"德"有上下之分，"上德"完全合乎"道"的精神。"德"是"道"在人世间的体现，"道"是客观规律，而"德"是指人类认识并按客观规律办事。人们把"道"运用于人类社会产生的功能，就是"德"。

[评析]

《道德经》一方面是谈“道”，一方面是论“德”。老子认为“上德”是完全合乎“道”的精神。二十一章曾写道：“孔德之客，唯道是从”；二十八章说：“为天下溪，常德不离，复归于婴儿”，“为天下谷，常德乃足，复归于朴”；五十一章说：“生而不有，为而不恃，长而不宰，是谓玄德”。以上所讲的“孔德”、“常德”、“玄德”都是指这里所讲的“上德”。从政治角度去分析和理解所谓“上德”，我们认为它不同于儒家所讲的“德政”。老子批评儒家“德政”不顾客观实际情况，仅凭人的主观意志加以推行，这不是“上德”，而是“不德”；而老子的“上德”则是“无以为”、“无为”，它不脱离客观的自然规律，施政者没有功利的意图，不单凭主观意愿办事，这样做的结果当然是无为而无不为，即把“道”的精神充分体现在人间，所以又是“有德”。但是“下德”是“有以为”的“无为”，但却抱着功利的目的，凭着主观意志办事。在本章里，老子把政治分成了两个类型、五个层次。两个类型即“无为”和“有为”。“道”和“德”属于“无为”的类型；仁、义、礼属“有为”的类型。五个层次是道、德、仁、义、礼。这五个层次中，德和仁是最高标准，但“德”只是指“上德”，不是“下德”。失道而后德，这是在无为的类型内部说的，失道则沦为下德，那就与上仁相差无几了。失德而后仁，这是指离开了“无为”的类型才有了仁。仁已经是“有为”、“为之”了，所以“失仁而后义”、“失义而后礼”就是在“有为”范围内所显示出来的不同层次。在本章里，老子用了“大丈夫”一词，是全书唯一使用的名词，过去有人将此解释为“智慧很高的人”，原意大约相同于此，但其中也包含有豪爽、果敢、刚毅的内容。老子感受到人际关系愈来愈难以相处，所以在十分激动的情绪下使用了“大丈夫”这个词，并说“大丈夫处其厚，不居其薄；处其实，不居其华。故去彼取此”。本章使用了一些具体的规范把人的思想行为定着在固定的形式中，即按忠信行事，不执行浇薄的礼。所以老子对政治的最低要求是摒去“薄”和“华”，恢复“厚”和“实”。

第三十九章

[原文]

昔之得一①者：天得一以清；地得一以宁；神得一以灵②；谷得一以盈，万物得一以生；侯王得一以为天一正③。其致之也④，谓⑤天无以清⑥，将恐裂；地无以宁，将恐废⑦；神无以灵，将恐歇⑧；谷无以盈，将恐竭⑨；万物无以生，将恐灭；侯王无以正⑩，将恐蹶⑪。故贵以贱为本，高以下为基。是以侯王自称⑫孤、寡、不谷⑬。此非以贱为本邪？非乎？故至誉无誉⑭。是故不欲琭琭⑮如玉，珞珞⑯如石。

[译文]

往昔曾得到过道的：天得到道而清明；地得到道而宁静；神（人）得到道而英灵；河谷得到道而充盈；万物得到道而生长；侯王得到道而成为天下的首领。推而言之，天不得清明，恐怕要崩裂；地不得安宁，恐怕要震溃；人不能保持灵性，恐怕要灭绝；河谷不能保持流水，恐怕要干涸；万物不能保持生长，恐怕要消灭；侯王不能保持天下首领的地位，恐怕要倾覆。所以贵以贱为根本，高以下为基础，因此侯王们自称为“孤”、“寡”、“不谷”，这不就是以贱为根本吗？不是吗？所以最高的荣誉无须赞美称誉。不要求晶莹像宝玉，而宁愿珞珞坚硬像山石。

[注释]

①得一：即得道。

②神得一以灵：神或指人。灵，灵性或灵妙。

③正：一本作“贞”。意为首领。

④其致之也：推而言之。

⑤谓：假如说。帛书作“胃”。

⑥天无以清：天离开道，就得不到清明。

⑦废：荒废。

⑧歇：消失、绝灭、停止。

⑨竭：干涸、枯竭。

⑩正：一本作"高贵"，一本作"贞"。

⑪蹶（jué）：跌倒、失败、挫折。

⑫自称：一本作"自谓"。

⑬孤、寡、不谷：古代帝王自称为"孤"、"寡人"、"不谷"。不谷即不善的意思。

⑭至誉无誉：最高的荣誉是无须称誉赞美的。

⑮琭琭（lù）：形容玉美的样子。

⑯珞珞（luò）：形容石坚的样子。

[引语]

这一章讲"道"的普遍意义。前半段论述"道"的作用，天地万物都来源于"道"，或者说，"道"是构成一切事物所不可或缺的要素，如果失去了"道"，天地万物就不能存在下去。后半段由此推及到人间，告诫统治者从"道"的原则出发，并常要能"处下"、"居后"、"谦卑"，即贵以贱为根本，高以下为基础，没有老百姓为根本和基础，就没有高贵的侯王。因而在本章的内容中，同样包含有辩证法的因素。

[评析]

在《道德经》里，老子经常以"一"来代称"道"，如二十二章的"圣人抱一为天下式"。本章中，老子连续七次使用"一"字，其含义是相当深刻的。杨兴顺说："一切在流动着，一切在变化着，但老子认为，变化的基础是统一而不是矛盾的斗争。'天得一以清'……老子揭露了客观世界的矛盾，企图削弱矛盾，遏阻矛盾的尖锐化，为着这一目的，他把统一看成万物的基础而把它绝对化。"事实上，老子认为宇宙的本原只有一个，宇宙的总规律也只有一个，因而他突出"一"，即宇宙起源的一元论，而且是物质的。在世界的自然万事万物之中，老子列举了许多相互矛盾的对立体，并认为对立物相互依存、相互转

化，最终归于统一。所以，他一再使用“一”，也表明他认为矛盾和对立总要归于统一。在人类社会而言，老子也强调统一，认为侯王也要注重唯一的“道”，才能使天下有个准绳。这个准绳是什么？老子说，“贵以贱为本，高以下为基”。侯王应该认识到“贱”、“下”是自己的根基。有道的人无须光华如玉，还是质朴更好一些。总而言之，本章开头就是讲道的普通性、重要性、不论是天、地、神、谷、万物、侯王，都是来源于道，如果失去了道，一切都不会再存在下去。

第四十章

[原文]

反者①道之动，弱者②道之用。天下万物生于有③，有生于无④。

[译文]

循环往复的运动变化，是道的运动，道的作用是微妙、柔弱的。天下的万物产生于看得见的有形质，有形质又产生于不可见的无形质。

[注释]

①反者：循环往复。一说意为相反，对立面。

②弱者：柔弱、渺小。

③有：这里指道的有形质，与一章中“有名，万物之母”的“有”相同。但不是有无相生的“有”字。

④无：与一章中的“无名，天地之始”的“无”相同。但不同于“有无相生”的“无”。此处的“无”指超现实世界的形上之道。

[引语]

在一、四、五、六、十四、二十一、二十五、三十二、三十四、三十五和

三十七章里，老子从各方面阐述关于“道”的理论。在本章里，老子用极其简练的文字，讲述了“道”的运动变化法则和“道”产生天下万物的作用。关于“道”的基本理论，本章和四十二章都是就此而论的。本章虽然只有两句话，但言简意赅，含义十分丰富。

[评　　析]

老子在《道德经》里，多次涉及到“事物的矛盾和对立转化是永恒不变的规律”，概括了自然和人类社会的现象与本质，这是十分光辉和精辟的见解。“反者道之动”，历来解释者有两种观点：一是说矛盾着的对立物各自向着自己的对立面转化；二是说事物运动变化的规律是循环往复。其实这两种解释意思是相同的。因为老子承认运动，承认运动循环往复、周而复始。这当然是老子认识上的不足。因为对立面的互相转化，必须在一定条件下，才得实现，不具备一定条件，是不能转化的。不经过任何努力，不管在任何情况下，都会发生转化，这就多少带有宿命论的色彩了。“弱者道之用”，是说“道”在发挥作用的时候，用的是柔弱的方法，这不完全是消极的，同样也有积极性的一面。道创造万物，并不使万物感到有什么强迫的力量，而是自然而然地发生和成长。用弱和用强，也就是“无为”和“有为”的区别。“天下万物生于有，有生于无”。有的论者认为这一句可以概括出“无→有→万物”的公式，并说万物毕竟是从“无”而来的。其实，老子讲“有”和“无”，并不曾把“无”当作第一性的东西，而把“有”当作第二性的东西，他是把有与无当成相互对立的两个哲学范畴，有与无都是道的属性，是道产生天地万物时由无形质落向有形质的活动过程。

第四十一章

[原文]

上士闻道，勤而行之；中士闻道，若存若亡；下士闻道，大笑之。不笑不足以为道。故建言[①]有之：明道若昧，进道若退，夷道若纇[②]。上德若谷；大白若辱[③]；广德若不足；建德若偷[④]；质真若渝[⑤]。大方无隅[⑥]；大器晚成；大音希声；大象无形；道隐无名。夫唯道，善贷且成[⑦]。

[译文]

上士听了道的理论，努力去实行；中士听了道的理论，将信将疑；下士听了道的理论，哈哈大笑。不被嘲笑，那就不足以成其为道了。因此古时立言的人说过这样的话：光明的道好似暗昧；前进的道好似后退；平坦的道好似崎岖；崇高的德好似峡谷；广大的德好像不足；刚健的德好似怠惰；质朴而纯真好像混浊未开。最洁白的东西，反而含有污垢；最方正的东西，反而没有棱角；最大的声响，反而听来无声无息；最大的形象，反而没有形状。道幽隐而没有名称，无名无声。只有"道"，才能使万物善始善终。

[注释]

①建言：立言。

②夷道若纇（lèi）：夷，平坦；崎岖不平、坎坷曲折。

③大白若辱：辱，黑垢。一说此句应在"大方无隅"一句之前。

④建德若偷：刚健的德好像怠惰的样子。偷，意为惰。

⑤质真若渝：渝，变污。质朴而纯真好像浑浊。

⑥大方无隅：隅，角落、墙角。最方整的东西却没有角。

⑦善贷且成：贷，施与、给予。引申为帮助、辅助之意。此句意为：道使万物善始善终，而万物自始至终也离不开道。

[引语]

这一章引用了十二句古人说过的话，列举了一系列构成矛盾的事物双方，表明现象与本质的矛盾统一关系，它们彼此相异，互相对立，又是互相依存，彼此具有统一性，从矛盾的观点，说明相反相成是事物发展变化的规律。在这里，老子讲了上士、中士、下士各自"闻道"的态度：上士听了

道，努力去实行；中士听了道，漠不动心、将信将疑；下士听了以后哈哈大笑。说明“下士”只见现象不见本质，还要抓住一些表面现象来嘲笑道，但道是不怕浅薄之人嘲笑的。

[评析]

本章前面先讲了“上士”、“中士”、“下士”对道的反应。“上士”即高明的小奴隶主贵族，“中士”即平庸的贵族，“下士”即浅薄的贵族。上、中、下不是就政治上的等级制度而言，而是就其思想认识水平的高低而言。“道”的本质隐藏在现象后面，浅薄之士是无法看到的，所以不被嘲笑就不成其为“道”。在后面所引的十二句成语中，前六句是指“道”、“德”而言的。后六句的“质真”、“大白”、“大方”、“大器”、“大音”、“大象”指“道”或道的形象，或道的性质。所以引完这十二句格言以后，用一句话加以归纳：“道”是幽隐无名的，它的本质是前者，而表象是后者。这十二句，从有形与无形、存在与意识、自然与社会各个领域多种事物的本质和现象中，论证了矛盾的普遍性，揭示出辩证法的真谛。这是极富智慧的。

第四十二章

[原文]

道生一[①]，一生二[②]，二生三[③]，三生万物。万物负阴而抱阳[④]，冲气以为和[⑤]。人之所恶，唯孤、寡、不谷[⑥]，而王公以为称。故物或损之而益，或益之而损。人之所教，我亦教之。强梁者不得其死，吾将以为教父[⑦]。

[译文]

道是独一无二的，道本身包含阴阳二气，阴阳二气相交而形成一种适匀的状态，万物在这种状态中产生。万物背阴而向阳，并且在阴阳二气的互相激荡中形成新的和谐体。人们最厌恶的就是“孤”、“寡”、“不谷”，但王公却用这些字来称呼自己。所以一切事物，如果减损它却反而得到增加；如果增加它却反而得到减损。别人这样教导我，我也这样去教导别人。强暴的人死无其所。我把这句话当作施教的宗旨。

[注释]

①一：这是老子用以代替道这一概念的数字表示，即道是绝对无偶的。

②二：指阴气、阳气。“道”的本身包含着对立的两方面。阴阳二气所含育的统一体即是“道”。因此，对立着的双方都包含在“一”中。

③三：即是由两个对立的方面相互矛盾冲突所产生的第三者，进而生成万物。

④负阴而抱阳：背阴而向阳。

⑤冲气以为和：冲，冲突、交融。此句意为阴阳二气互相冲突交和而成为均匀和谐状态，从而形成新的统一体。

⑥孤、寡、不谷：这些都是古时候君主用以自称的谦词。

⑦教父：父，有的学者解释为“始”，有的解释为“本”，有的解释为“规矩”。有根本和指导思想的意思。

[引语]

这一章的前半部分讲的是老子的宇宙生成论。这里老子说到“一”、“二”、“三”，乃是指“道”创生万物的过程。这是继四十章之后，又一段关于“道”的基本原理的重要论述。宇宙万物的总根源是“混而为一”的“道”，对于千姿百态的万物而言，“道”是独一无二的。另一段话是警诫王公要以贱为本、以下为基的。对后一段内容，有的学者认为这一段文字与上一段讲的原理关联不上，疑为三十九章文字错移本章。另一种说法是两段前后虽然不相密切关联，但意义仍相近。这是讲矛盾的双方既是对立的，又是统一的，事物相反相成，双方并非不变，而是可以互相转化的。所以，这一章再次表达了老子的辩证法思想。

[评析]

本章第一段话，说到一、二、三这几个数字，这并不是把一、二、三看作具体的事物和具体数量。它们只是表示“道”生万物从少到多，从简单到复杂的一个过程，这就是“冲气以为和”。这里老子否定了神的存在，从多元论的宇宙观发展为一元论的宇宙观，这是值得称道的。冯友兰说：“《老子》书说‘道生一，一生二，二生三，三生万物，万物负阴而抱阳，冲气以为和’。这里说的有三种气：冲气、阴气、阳气。我认为所谓冲气就是一，阴阳是二，三在先秦是多数的意思。二生三就是说，有了阴阳，很多的东西就生出来了。那么冲气究竟是哪一种气呢？照后来《淮南子》所讲的宇宙发生的程序说，在还没有天地的时候，有一种混沌未分的气，后来这种气起了分化，轻清的气上浮为天，重浊的气下沉为地，这就是天地之始。轻清的气就是阳气，重浊的气就是阴气。在阴阳二气开始分化而还没有完全分化的时候，在这种情况中的气就叫做冲气。‘冲’是道的一种性质，‘道冲而用之或不盈’。这种尚未完全分化的气，与道相差不多，所以叫冲气。也叫做一。”冯先生的这一分析是很有见地的。在本章后半部分，老子讲了柔弱退守是处事的最高原则，谦受益，满招损，这也合乎辩证之道。

第四十三章

[原文]

天下之至柔，驰骋①天下之至坚。无有入无间②，吾是以知无为之有益。不言之教，无为之益，天下希③及之。

[译文]

天下最柔弱的东西，腾越穿行于最坚硬的东西中；无形的力量可以穿透没有间隙的东西。我因此认识到“无为”的益处。“不言”的教导，“无为”的益处，普天下少有能赶上它的了。

[注释]

①驰骋：形容马奔跑的样子。

②无有入无间：无形的力量能够穿透没有间隙的东西。无有，指不见形象的东西。

③希：一本作“稀”，稀少。

[引语]

本章和十二章同样，都是讲人之尊严的，申述“柔之胜刚，弱之胜强”的“是谓微明”之术。讲了柔弱可以战胜刚强的原理，又讲了“不言”的教诲、“无为”的益处。此意贯穿于老子《道德经》的全书之中。他指出，最柔弱的东西里面，蓄积着人们看不见的巨大力量，使最坚强的东西无法抵挡。“柔弱”发挥出来的作用，在于“无为”。水是最柔的东西，但它却能够穿山透地。所以老子以水来比喻柔能胜刚的道理。

[评析]

“贵柔”是《道德经》的基本观念之一，除本章论述外，七十六章以及其它一些章节里也多所论及。“柔弱”是“道”的基本表现和作用，它实际上已不局限于与“刚强”相对立的狭义，而成为《道德经》概括一切从属的、次要的方面的哲学概念。

老子认为，“柔弱”是万物具有生命力的表现，也是真正有力量的象征。如果我们深入一个层次去考虑问题，就会发现老子要突出的是事物转化的必然性。他并非一味要人“守柔”、“不争”，而是认为“天下之至柔，驰骋天下之至坚”，即柔弱可以战胜刚强。这是深刻的辩证法的智慧。因此，发现了“柔弱”方面的意义是老子的重大贡献。

第四十四章

[原文]

名与身孰亲？身与货孰多①？得与亡孰病②？甚爱必大费③，多藏必厚亡④。故知足不辱⑤，知止不殆，可以长久。

[译文]

声名和生命相比哪一样更为亲切？生命和货利比起来哪一样更为贵重？获取和丢失相比，哪一个更有害？过分的爱名利就必定要付出更多的代价；过于积敛财富，必定会遭致更为惨重的损失。所以说，懂得满足，就不会受到屈辱；懂得适可而止，就不会遇见危险，这样才可以保持住长久的平安。

[注释]

①身与货孰多：多，轻重的意思。货，财富。

②得与亡孰病：得，指名利。亡，指丧失性命。病，有害。

③甚爱必大费：过于爱名就必定要付出很大的耗费。

④多藏必厚亡：丰厚的藏货就必定会招致惨重的损失。

⑤知足不辱：今本没有“故”字，据帛书补之。

[引语]

此章与十三章同样，是讲人之尊严的。十三章是以宠辱荣患和人的自身价值对比，说明人要自重、自爱。这一章是以名与货和人的自身价值对比，也是要人自重、自爱。老子宣传的是这样一种人生观，人要贵生重己，对待名利要适可而止，知足知乐，这样才可以避免遇到危难；反之，为名利奋不顾身，争名逐利，则必然会落得身败名裂之可悲下场。

[评析]

虚名和人的生命、货利与人的价值哪一个更可贵？争夺货利还是重视人的价值，这二者的得与失，哪一个弊病多呢？这是老子在本章里向人们提出的尖锐问题，这也是每个人都必然会遇到的问题。有人解释说，本章是讲吝惜生命，与提倡奋不顾身是格格不入的两种生命观。事实上，吝惜生命并不是贪生怕死，老子讲的是对宠辱荣患和虚名货利来说，不要贪图虚荣与名利，要珍惜自身的价值与尊严，不可自贱其身。本章里讲“知足不辱，知止不殆”，这是老子处世为人的精辟见解和高度概括。“知足”就是说，任何事物都有自己的发展极限，超出此限，则事物必然向它的反面发展。因而，每个人都应该对自己的言行举止有清醒的准确的认识，凡事不可求全。贪求的名利越多，付出的代价也就越大，积敛的财富越多，失去的也就越多。他希望人们，尤其是手中握有权柄之人，对财富的占有欲要适可而止，要知足，才可以做到“不辱”。“多藏”，就是指对物质生活的过度追求，一个对物质利益片面追求的人，必定会采取各种手段来满足自己的欲望，有人甚至会以身试法。“多藏必厚亡”，意思是说丰厚的贮藏必有严重的损失。这个损失并不仅仅指物质方面的损失，而且指人的精神、人格、品质方面的损失。

第四十五章

[原文]

大成[①]若缺，其用不弊。大盈若冲[②]，其用不穷。大直若屈[③]，大巧若拙，大辩若讷[④]。静胜躁，寒胜热[⑤]。清静为天下正[⑥]。

[译文]

最完满的东西，好似有残缺一样，但它的作用永远不会衰竭；最充盈的东西，好似是空虚一样，但是它的作用是不会穷尽的。最正直的东西，好似有弯曲一样；最灵巧的东西，好似最笨拙的；最卓越的辩才，好似不善言辞一样。清静克服扰动，寒冷克服暑热。清静无为才能统治天下。

[注释]

①大成：最为完满的东西。

②冲：虚，空虚。

③屈：曲。

④讷：拙嘴笨舌。

⑤静胜躁，寒胜热：清静克服扰动，寒冷克服暑热。

⑥正：通“政”。

[引语]

这一章在内容上和行文上，都可以说是四十一章的继续，是讲内容和形式、本质和现象的辩证关系。四十一章讲的是“道”，本章讲的是“人格”。其中“大成”、“大盈”的人格形态；“若缺”、“若冲”、“若屈”、“若拙”、“若讷”的外在表现，都是说明一个完美的人格，不在外形上表露，而为内在生命的含藏内收。

[评析]

任继愈在《老子新译》中写道：“这一章讲的是辩证法思想。老子认为有些事物表面看来是一种情况，实质上却又是一种情况。表面情况和实际情况有时完全相反。在政治上不要有为，只有贯彻了‘无为’的原则，才能取得成功。”这个分析是准确的。老子运用辩证法认识事物、认识人。尤其对于那些国富兵强，拓地千里，并国数十，成其大功的王侯将相，如果不因此而昏昏然，看到自己的缺陷和不足；丰满充盈的如果能以细小视之，富裕却以不足居之，再加上如屈、如拙，当然会其用无穷。

第四十六章

[原文]

天下有道，却①走马以粪②，天下无道，戎马③生于郊④。祸莫大于不知足；咎莫大于欲得。故知足之足，常足矣⑤。

[译文]

治理天下合乎“道”，就可以做到太平安定，把战马退还到田间给农夫用来耕种。治理天下不合乎“道”，连怀胎的母马也要送上战场，在战场的郊外生下马驹子。最大的祸害是不知足，最大的过失是贪得的欲望。知道到什么地步就该满足了的人，永远是满足的。

[注释]

①却：退回。

②走马以粪：粪，耕种，播种。此句意为用战马耕种田地。

③戎马：战马。

④生于郊：指牝马生驹于战地的郊外。

⑤故知足之足，常足矣：知道满足的这种满足，是永远满足的。

[引语]

这一章主要反映了老子的反战思想。在春秋时代，诸侯争霸，兼并和掠夺战争连年不断，给社会生产和人民群众的生活造成了沉重灾难。对此，老子明确表示了自己的主张，他分析了战争的起因，认为是统治者贪欲太强。那么解决问题的办法是要求统治者知足常乐，这种观点可以理解，但他没有明确区分战争的性质，因为当时的战争有奴隶主贵族互相兼并政权，也有的是地主阶级崛起后推翻奴隶主统治的战争，还有劳动民众的反抗斗争。因此，在本章里，老子所表述的观点有两个问题，一是引起战争的根源；二是对战争没有加以区分。

[评析]

张松如先生在《老子校读》一书中写道：“本章前四句表示了反战思想。老子反对的当然是春秋列国各贵族领主集团间频繁的兼并战争和掠夺战争。尽管有人指出说，这些战争，从其主流说，也有一定的进步趋势；但是对人民说来，特别是对从事农业生产的广大劳动人民群众说来，不可避免地要带来种种惨祸、暴行、灾难和痛苦。这是可想而知的。老子反对这些战争岂不是理所当然的吗？顺便说一句，有人曾说，老子是兵家。可是从古以来，哪里会有反战的兵家呢？在这里，老子认为战争是由于封建统治者不知足、贪心重所引起的，只要是能知足，满足于现状，不贪求什么，就不会发生战争。‘知足之足，恒足矣’。这是一种唯心史观，至于‘寡欲’、‘知足’的提出，对当时封建贵族领主集团的无厌欲求，无异于是一个强烈的抗议。”

胡寄窗先生说：“寡欲的具体表现是‘知足’。老子学派把知足看得非常重要，以为知足可以决定人们的荣辱、生存、祸福。……不仅如此，他们并将知足作为从主观上分辨贫富的标准。如知足，则虽客观财富不多而主观上亦可自认为富有，‘知足者富’、‘富莫大于知足’。因此知‘足’之所以为足，则常足矣，常足当然可以看作是富裕。反之，客观财富虽多，由于主观的不知足，贪得无厌，能酿成极大的祸害。从这里可以看出老子的财富决定于主观的知足与不知足，亦即决定于‘欲不欲’，所以带有唯心主义色彩。但他们很重视客观刺激对产生欲望之作用。如他们说‘乐与饵，过客止’。寡欲与知足是不可分割的。未有能寡欲而不知足者，亦未有不寡欲而能知足者。老子提出寡欲、知足，对当时当权贵族的无厌欲求是一个强烈的抗议，但对一般人来说，持有这种观点，就会把人引导到消极退缩的道路上去，就会使经济基础的发展从意识形态方面受到阻碍。”

张松如先生和胡寄窗先生的以上论说是中肯的。因为战争的起因往往是侵略者一方野心勃勃、攻占城池、吞并邻国、扰害百姓。本章警告当政者不可无厌贪求，切记清静无为之戒条。这的确是为社会的发展、民众的安定而殚精竭虑，还是值得肯定的。

第四十七章

[原文]

不出户，知天下；不窥牖①，见天道②。其出弥远，其知弥少。是以圣人不行而知，不见而明③，不为④而成。

[译文]

不出门户，就能够推知天下的事理；不望窗外，就可以认识日月星辰运行的自然规律。他向外奔逐得越远，他所知道的道理就越少。所以，有“道”的圣人不出行却能够推知事理，不窥见而能明了“天道”，不妄为而可以有所成就。

[注释]

①窥牖：窥，从小孔隙里看；牖，窗户。

②天道：日月星辰运行的自然规律。

③不见而明：一本作“不见而名”。此句意为不窥见而明天道。

④不为：无为、不妄为。

[引语]

这一章主要谈的是哲学上的认识论。这里的基本观点是：在认识上纯凭感觉经验是靠不住的。因为这样做无法深入事物的内部，不能认识事物的全体，而且还会扰乱人的心灵。那么，要认识事物就只有靠内在的自省，下功夫自我修养，才能领悟“天道”，知晓天下万物的变化发展规律。对此，学术界在讨论老子哲学认识论时，有的观点是说，老子是彻头彻尾的唯心主义先验论者，而有的观点则说，老子并不轻视实践所获取的感性知识，只是夸大了理性认识的作用。关于这几种观点的争论，将在本章评

析中详加论述。

[评析]

陈鼓应先生说："老子认为世界上一切事物都依循着某种规律运行着，掌握这种规律（或原则），当可洞察事物的真情实况。他认为心灵的深处是透明的，好像一面镜子，这种本明的智慧，上面蒙着一层如灰尘般的情欲（情欲活动受到外界的诱发就会趋于频繁）。老子认为我们应透过自我修养的功夫，作内观返照，净化欲念，清除心灵的蔽障，以本明的智慧，虚静的心境，去览照外物，去了解外物和外物运行的规律。"我们同意陈鼓应先生的见解。以往批评老子的认识论是彻头彻尾唯心主义先验论的论著，都要引"不出户，知天下"作为论据。这样的认识实际是一种误解。老子是一位博学多识之人，他有丰富的生活实践经验。在以前的若干章节中，我们可以看到许多涉及社会生活和自然界的内容，这些都表明老子极为重视生活实践。但更重要的是，老子是极富智慧之人，是天才的哲人。他的意思是，并不是什么事都只有经过本人的实践才能认识，那是不可能的。因此要重视理性认识，间接知识。"不出户"、"不窥牖"这类极而言之的强调手法，从古到今都是普遍应用的。不过，我们的看法是，研究老子，研究《道德经》，应当深入体会其中蕴含着的真实观点，不可望文生义，更不可片面理解。同时，还要坚持历史唯物主义的思想方法。因为正确地说明感性认识和理性认识的辩证关系，这不是春秋时代的思想家们所能够解决的重大哲学论题。

第四十八章

[原文]

为学日益①，为道日损②，损之又损，以至于无为。无为而无不为③，取④天下常以无事⑤；及其有事⑥，不足以取天下。

[译文]

求学的人，其情欲文饰一天比一天增加；求道的人，其情欲文饰则一天比一天减少。减少又减少，到最后以至于“无为”的境地。如果能够做到无为，即不妄为，任何事情都可以有所作为。治理国家的人，要经常以不骚扰人民为治国之本，如果经常以繁苛之政扰害民众，那就不配治理国家了。

[注释]

①为学日益：为学，是反映探求外物的知识。此处的“学”当指政教礼乐。日益，指增加人的知见智巧。

②为道日损：为道，是通过冥想或体验的途径，领悟事物未分化状态的“道”。此处的“道”，指自然之道，无为之道。损，指情欲文饰日渐泯损。

③无为而无不为：不妄为，就没有什么事情做不成。

④取：治、摄化之意。

⑤无事：即无扰攘之事。

⑥有事：繁苛政举在骚扰民生。

[引语]

本章讲“为学”和“为道”的问题。他先讲“为学”，是求外在的经验知识，经验知识愈积累愈多。老子轻视外在的经验知识，认为这种知识掌握得越多，私欲妄见也就层出不穷。“为道”和“为学”就不同一。它是透过直观体悟以把握事物未分化的状态或内索自身虚静的心境，它不断地除去私欲妄见，使人日渐返璞归真，最终可以达到“无为”的境地。这一章所讲的“为学”是反映“政教礼乐之学”，老子认为它足以产生机智巧变。只有“清静无为”，没有私欲妄见的人才可以治理国家。因而，老子希望人们走“为道”的路子。

[评析]

任继愈先生认为："老子承认求学问，天天积累知识，越积累，知识越丰富。至于要认识宇宙变化的总规律或是认识宇宙的最后的根源，就不能靠积累知识，而要靠'玄览'、'静观'。他注重理性思维这一点是对的，指出认识总规律和认识个别的东西的方法应有所不同，也是对的。老子的错误在于把理性思维绝对化使他倒向了唯心主义，甚至陷于排斥感性知识的错误。"张松如先生说："'为学者日益，为道者日损'，并不是老子的一种什么神秘的、蒙昧的反理性的主张，而是一定发展中的历史现象在观念形态上的客观反映。"本章正是从认识论和方法论上，概括了对"礼"所作的探源与批判，而且是具有相当深刻性的。在这剖析过程中，由于受着不得突破的阶级的和历史的局限，在所推导的结论中，还带有一定程度的复古主义色彩，显示了骸骨迷恋的情绪，而不曾投射出向前看的目光。然而，这并不能掩盖它有关"学"与"道"，有关"日益"和"日损"的辩证思维的光辉。""无为而无不为"是老子提出来的极富智慧的命题。事实上，在中国古代，主张"无为"的学者不止老子一人，例如孔子就曾说过"无为而治者，其舜也与，夫何为哉，恭己正南面而已。"这句话的意思是，自己不做什么事情而使得天下太平的人，大概只有舜了，他做了什么呢？他只是庄重端坐在他的王位上罢了。老子把"无为"的思想发挥到极高的程度，从哲学高度来论证"无为"的社会意义。"无为"表面看来，似乎是一种后退的手段，但真正的目的，则在于避开前进中所存在的矛盾和问题，从而占据主动，以达到"无不为"的最终目的。

第四十九章

[原文]

圣人常无心①，以百姓之心为心。善者，

吾善之；不善者，吾亦善之，德[2]善。信者，吾信之；不信者，吾亦信之，德信。圣人在天下，歙歙[3]焉为天下浑其心[4]，百姓皆注其耳目[5]，圣人皆孩之[6]。

[译文]

圣人常常是没有私心的，以百姓的心为自己的心。对于善良的人，我善待他；对于不善良的人，我也善待他，这样就可以得到善良了，从而使人人向善。对于守信的人，我信任他；对于不守信的人，我也信任他，这样可以得到诚信了，从而使人人守信。有道的圣人在其位，收敛自己的欲意，使天下的心思归于浑朴。百姓们都专注于自己的耳目聪明，有道的人使他们都回到婴孩般纯朴的状态。

[注释]

①常无心：一本作无常心。意为长久保持无私心。

②德：假借为“得”。

③歙（xī）：意为吸气。此处指收敛意欲。

④浑其心：使人心思化归于浑朴。

⑤百姓皆注其耳目：百姓都使用自己的智谋，生出许多事端。

⑥圣人皆孩之：圣人使百姓们都回复到婴孩般纯真质朴的状态。

[引语]

这一章表达了老子的政治思想。文中所讲的“圣人”，是老子理想中的执政者。老子认为，理想的执政者没有私心，以百姓之心为心，使人人守信、向善。老子把以“道”治天下的希望寄托给一个理想的“圣人”，在他的治理下，人人都回复到婴儿般纯真的状态，以养以长自己。这种见解是有进步意义的。本章从文字上和内容上看，都是紧接前一章的问题，深入进行分析论证。

[评析]

“圣人”生于天下，他能够恰当地收敛自己的心欲，兢兢业业地不敢放纵自己，不敢与民争利，不敢以自己主观意志而妄为。他治理国家往往表现出浑噩质朴的特征，对于注目而视、倾耳而听，各用聪明才智甚至机心巧诈的老百姓，圣人却要他们都回归到婴儿般无知无欲的纯真状态。这位体道的圣人，是被老子美化了的统治者，这是在前面几章里已经谈到过的。但是，正如张松如先生所说的那样，“老子是站在什么立场说的话？岂不显然是站在封建统治者的立场吗？不是的，这道理我们已经一再指出过了。他是作为农业小生产者即小农阶层愿望的表达者来发言的。”

第五十章

[原文]

出生入死①，生之徒②，十有三③；死之徒④，十有三；人之生，动之于死地⑤，亦十有三。夫何故？以其生生之厚⑥。盖闻善摄生者⑦，陆行不遇兕⑧虎，入军不被甲兵⑨。兕无所投其角，虎无所措其爪，兵无所容其刃。夫何故？以其无死地⑩。

[译文]

人始出于世而生，最终入于地而死。属于长寿的人有十分之三；属于短命而亡的人有十分之三；人本来可以活得长久些，却自己走向死亡之路，也占十分之三。为什么会这样呢？因为奉养太过度了。据说，善于养护自己生命的人，在陆地上行走，不会遇到凶恶的犀牛和猛虎，在战争中也受不到武器的伤害。犀牛对其身无处投角，老虎对其身无处伸爪，武器锋刃对其身无处刺击。为什么会这样呢？因为他没有进入死亡的领域。

[注释]

①出生入死：出世为生，入地为死。一说离开了生存必然走向死亡。

②生之徒：徒，应释为类。生之徒即长

寿之人。

③十有三：十分之三。

④死之徒：属于夭折的一类。

⑤人之生，动之于死地：此句意为人本来可以长生的，却意外地走向死亡之路。

⑥生生之厚：由于求生的欲望太强，营养过剩，因而奉养过厚了。

⑦摄生者：摄生指养生之道，即保养自己。

⑧兕（sì）：属于犀牛类的动物。

⑨入军不被甲兵：战争中不被杀伤。

⑩无死地：没有进入死亡范围。

[引语]

这一章讲两种养生之道。一种是因营养过剩、骄奢淫逸，故而短命夭折；一种是因行动不慎而造成伤亡。老子认为，人活在世，应善于避害，则可以保全生命长寿。他注意到人为因素对生命的影响，要求人们不要靠着争夺来保养自己，而要以清静无为的态度远离死地。

[评析]

对于此章中“以其无死地”一句，庄子是这样解释的：“子列子问关尹曰：‘至人潜行不窒，蹈火不热，行乎万物之上而不栗。请问何以至此？’关尹曰：‘是纯气之守也，非知巧果敢之列。……夫若是者，其天守全，其神无隙，物奚自入焉？夫醉者之坠车，虽疾不死，骨节与人同，而犯害与人异，其神全也。乘亦不知也，坠亦不知也，死生惊惧，不入乎其胸中，是故物而不慑。彼得全于酒，而犹若是，而况得全于天乎？圣人藏于天，故莫之能伤也。’”这句话对老子的“以其无死地”是一个很好的注脚，只要人能够依照天道行事，那么外患就不能侵入其身，他就不会走向死亡的领域。所以任继愈先生说：“老子看来，这个世界到处埋伏着危险，生命随时受到威胁。他主张处处小心，不要进入危险范围，只有无所作为，才最安全，最足以保全性命。”老子生逢乱世，他看到人生危机四伏，生命安全随时随地受到威胁，因此他主张不要靠战争、抢夺来保护自己，不要以奢侈的生活方法来营养自己，而是清静无为、恪守“道”的原则，他不妄为，不伤害别人，别人也找不到对他下手的机会，这就可以排除造成人们寿命短暂的人为因素。老子以本章文字对人们进行劝说，希望人们能够做到少私寡欲，清静质朴、纯任自然。

第五十一章

[原文]

道生之，德畜之，物形之，势①成之。是以万物莫不尊道而贵德。道之尊，德之贵，夫莫之命而常自然②。故道生之，德畜之，长之育之，亭之毒之③；养④之覆⑤之。生而不有，为而不恃，长而不宰，是谓玄德⑥。

[译文]

道生成万事万物，德养育万事万物。万事万物虽现出各种各样的形态，环境使万事万物成长起来。故此，万事万物莫不尊崇道而珍贵德。道之所以被尊崇，德之所以被珍贵，就是由于道生长万物而不加以干涉，德畜养万物而不加以主宰，顺其自然。因而，道生长万物，德养育万物，使万物生长发展，成熟结果，使其受到抚养、保护。生长万物而不据为己有，抚育万物而不自恃有功，导引万物而不主宰，这就是奥妙玄远的德。

[注释]

①势：万物生长的自然环境。一说，势者，力也；一说，对立。

②莫之命而常自然：不干涉或主宰万物，而任万物自化自成。

③亭之毒之：一本作成之熟之。

④养：爱养、护养。

⑤覆：维护、保护。

⑥玄德：即上德。它产生万物而不据为己有，养

育万物而不自恃有功。

[引语]

这一章是着重讲“德”的作用，可以看作是三十八章的继续。老子在这章里再一次发挥了“道”以“无为”的方式生养了万物的思想。本章里的“玄德”即“上德”。老子认为，“道”生长万物，“德”养育万物，但“道”和“德”并不干涉万物的生长繁衍，而是顺其自然。“德”是“道”的化身，是“道”的人世间的具体作用。万物成长的过程是：一、万物由“道”产生；二、“道”生万物之后，又内在于万物，成为万物各自的本性；三、万物依据各自的本性而发展个别独特的存在；四、周围环境的培养，使各物生长成熟。

[评析]

在前面的某些章节中，我们已经了解到老子关于“道”和“德”二者之间的关系，也了解到“道”、“德”与万事万物之间的关系。这一章同样论述的是“道”以“无为”的方式生养了万物的学说，有学者认为，“老子提出‘夫莫之命而常自然’的见解，说明万物是在无为自然状态中生长的。‘莫之命’，即孟子所说‘莫之为而为者天也’的意思。万物的生长，是顺应着客观存在的自然规律，各自适应着自己所处的具体环境，根本就不可能有所谓主持者加以安排，然后才能生长。这一点，是老子反对鬼神术数的表现，反对有神论的表现，就万物的生长需要依据着客观自然界存在的规律来说，老子称之为‘道生之’。就客观自然界存在的规律具体运用于物的生长来说，老子称之为‘德畜之’。万物生长，既然必须依据自然界的规律，而且体现为自然界规律的具体运用，所以‘万物莫不尊道而贵德’。但万物的尊道贵德，也仅为对自然界的规律的依据与运用，不是另有什么主宰者加以命令与安排的，这种现象，老子认为是无为自然的状态，所以说‘夫莫之命而常自然’。”我们同意以上所述观点，因为道之创造万事万物，并不含有什么主观的意识，也不具有任何目的，而且不占据、不主宰，整个过程完全是自然而然的，万事万物的生长、发育、繁衍，完全是处于自然状态下。这就是“道”在作用于人类社会时所体现的“德”的特有精神。显然，这是一种勿庸置疑的无神论思想，它否定了作为世界主宰的

神的存在，这在先秦时代的思想界应该说达到了很高的水平。

第五十二章

[原文]

天下有始①，以为天下母②。既得其母，以知其子③；既知其子，复守其母，没身不殆。塞其兑，闭其门④，终身不勤⑤。开其兑，济其事⑥，终身不救。见小曰明⑦，守柔曰强⑧。用其光，复归其明⑨，无遗身殃⑩；是为袭常⑪。

[译文]

天地万物本身都有起始，这个始作为天地万物的根源。如果知道根源，就能认识万物，如果认识了万事万物，又把握着万物的根本，那么终身都不会有危险。塞住欲念的孔穴，闭起欲念的门径，终身都不会有烦扰之事。如果打开欲念的孔穴，就会增添纷杂的事件，终身都不可救治。能够察见到细微的，叫做“明”；能够持守柔弱的，叫做“强”。运用其光芒，返照内在的明，不会给自己带来灾难，这就叫做万世不绝的“常道”。

[注释]

①始：本始，此处指“道”。

②母：根源，此处指“道”。

③子：派生物，指由“母”所产生的万物。

④塞其兑，闭其门：兑，指口，引申为孔穴。门，指门径。此句意为：塞住嗜欲的孔穴，闭上欲念的门径。

⑤勤：劳作。

⑥开其兑，济其事：打开嗜欲的孔

穴，增加纷杂的事件。

⑦见小曰明：小，细微。能察见细微，才叫做“明”。

⑧强：强健，自强不息。

⑨用其光，复归其明：光向外照射，明向内透亮。发光体本身为“明”，照向外物为光。

⑩无遗身殃：不给自己带来麻烦和灾祸。

⑪袭常：袭承常道。

[引语]

本章是继四十七章后再次论述哲学上的认识论问题。老子认为，天下自然万物的生长和发展有一个总的根源，人应该从万物中去追索这个总根源，把握原则。人们认识天下万物但不能离开总根源，不要向外奔逐，否则将会离失自我。在认识活动中，要除去私欲与妄见的蔽障，以真正把握事物的本质及规律。

[评析]

在本章中，老子又一次使用了“母”、“子”这对概念。在这里，“母”就是“道”，“子”就是天下万物，因而母和子的关系，就是道和万物；理论和实际；抽象思维和感性认识；本和末等关系的代名词。张松如认为“所谓既得其母，以知其；既知其子，复守其母，正是把概念形成的理论证明，当作对具体事物认识的方法。西周以来，中国已经产生了例如‘五行’说那样原始、自发的唯物论。当老子第一次试图把那种元素化的‘物理性形式’推进到更高阶段的理论性的形式时，他的理论形式的唯物主义思想，也因受到了历史与科学条件的限制而表现出某种不成熟性，这种不成熟性，反映到更为复杂的认识论领域中来，就很容易带上一种以‘道’观物的特点。这是老子在认识上失足落水的一个重要原因。”我们基本上同意这种观点，但又认为老子的确是强调抽象思维，对抽象思维和感性认识的关系讲得不够清楚，这是我们从本章内容中所得知的，不过不能把这一点加以夸大，相反，我们感到，老子对这个问题的论述引用了辩证的方法，他的“知母”、“知子”的观点

是老子哲学思想的精华之一，不仅在春秋末年甚至在以后相当长的一段时期内，其思想水平是许多哲学家所不及的。本章的言外之意在于，世人都好逞聪明，不知收敛内省，这是很危险的事情，他恳切地希望人们不可一味外露，而要内蓄、收敛，就不会给自身带来灾祸。

第五十三章

[原文]

使我①介然有知②，行于大道，唯施③是畏。大道甚夷④，而人⑤好径⑥。朝甚除⑦，田甚芜，仓甚虚，服文采，带利剑，厌饮食⑧，财货有余，是谓盗竽⑨。非道也哉！

[译文]

假如我稍微地有了认识，在大道上行走，唯一担心的是害怕走了邪路。大道虽然平坦，但人君却喜欢走邪径。朝政腐败已极，弄得农田荒芜，仓库十分空虚，而人君仍穿着锦绣的衣服，佩带着锋利的宝剑，饱餐精美的饮食，搜刮占有富余的财货，这就叫做强盗头子。这是多么无道啊！

[注释]

①我：指有道的圣人。老子在这里托言自己。

②介然有知：介，微小。微有所知，稍有知识。

③施：邪、斜行。

④夷：平坦。

⑤人：指人君，一本作“民”。

⑥径：邪径。

⑦朝甚除：朝政非常败坏。一说宫殿很整洁。

⑧厌饮食：厌，饱足、满足、足够。饱得不愿再吃。

⑨盗竽：竽又作夸。即大盗、盗魁。

[引语]

这一章尖锐地揭露了当时社会的一些矛盾现象。在《道德经》一书中，有几处谈到这个问题，如三章、十九章、五十七章、七十五章等。本章描述了社会的黑暗和统治者给人们带来的深重灾难，尤其是统治者凭借权势和武力，对百姓恣意横行，搜刮榨取，终日荒淫奢侈，过着腐朽糜烂的生活，而下层民众却陷于饥饿状况，农田荒芜、仓藏空虚。这种景况，无怪乎老子把统治者叫做“盗竽”。这一章的内容也可以说是给无道的执政者们所画的像。

[评析]

杨兴顺说：“‘盗夸’之人过着奢侈生活，而人民却在挨饿。按照老子的学说，这类不正常的情况是不会永远存在下去的，人类社会迟早会回复它自己最初的‘天之道’。老子警告那些自私的统治者，他们永远渴望着财货有余，这就给自己伏下极大的危机。‘祸莫大于不知足，咎莫大于欲得’（四十六章）。这样，他们违背了‘天之道’的法则，而‘不道早已’（三十章）。让早已忘却先王的金科玉律的自私的统治者不要这样设想，以为他们的力量是不可摧毁的。这样的日子是会来临的：统治者将因自己的一切恶行而受到惩罚，因为在世界上，‘柔弱胜刚强’。老子对于压迫者的炽烈仇恨，对于灾难深重的人民的真挚同情，对于压迫人民、掠夺人民的社会政治制度必然崩溃的深刻信念——这些都是老子社会伦理学说中的主要特点。”站在人民群众的立场上，从社会稳定与发展的角度，抨击当政的暴君为“盗竽”，这是从老子开始到庄子的道家最为可贵的重要观点。在庄子外杂篇里，他提出“窃钩者诛，窃国者侯”，这是传统的观点。事实上那些“财货有余”的人才是货真价实的“盗竽”，“圣人不死，大盗不止”，这是从被压迫的劳动者的利益出发而发出的呐喊。从这种观点中，我们也感到这说明了老子并不是腐朽的没落的奴隶主贵族利益的代言人，而是真切地代表了被压迫者的愿望。

第五十四章

[原文]

善建者不拔，善抱①者不脱，子孙以祭祀不辍②。修之于身，其德乃真；修之于家，其德乃余；修之于乡，其德乃长③；修之于邦④，其德乃丰；修之于天下，其德乃普。故以身观身，以家观家，以乡观乡⑤，以邦观邦，以天下观天下。吾何以知天下然哉？以此。

[译文]

善于建树的不可能拔除，善于抱持的不可以脱掉，如果子孙能够遵循、守持这个道理，那么祖祖孙孙就不会断绝。把这个道理付诸于自身，他的德性就会是真实纯正的；把这个道理付诸于自家，他的德性就会是丰盈有余的；把这个道理付诸于自乡，他的德性就会受到尊崇；把这个道理付诸于自邦，他的德性就会丰盛硕大；把这个道理付诸于天下，他的德性就会无限普及。所以，用自身的修身之道来观察别身；以自家察看观照别家；以自乡察看观照别乡；以平天下之道察看观照天下。我怎么会知道天下的情况之所以如此呢？就是因为我用了以上的方法和道理。

[注释]

①抱：抱住、固定、牢固。

②子孙以祭祀不辍：辍，停止、断绝、终止。此句意为：祖祖孙孙都能够遵守“善建”、“善抱”的道理，后代的香火就不会终止。

③长：尊崇。

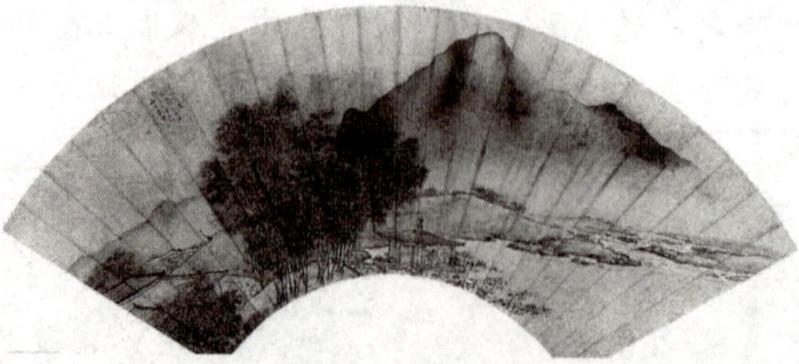

④邦：一本作“国”。

⑤故以身观身，以家观家，以乡观乡：以自身察看观照别人；以自家察看观照别家；以自乡察看观照别乡。

[引语]

本章讲“道”的功用，即“德”给人们带来的益处。本章是四十七章和五十二章的重要补充。例如，四十七章说：“不出户，知天下”；五十二章说：“即得其母，以知其子；既知其子，复守其母”。要做到这一点，还要做到“塞其兑，闭其门”。那么在本章里，老子讲了修身的原则、方法和作用。他说，修身的原则是立身处世的根基，只有巩固修身之要基，才可以立身、为家、为乡、为天下，这就是“道”。老子认为这是唯一正确的认识方式和途径。

[评析]

本章说到“以身观身，以家观家，以乡观乡，以邦观邦，以天下观天下”。这一句是从一身讲到天下。读此句，使人不自觉地想起儒家经典之一的《大学》中所讲的“格物、致知、诚意、正心、修身、齐家、治国、平天下”的所谓“八条目”。这也是从一身讲到天下。道家与儒家在修身问题上并不相同，但也不是完全不相同。这相同之处就在于，他们都认为立身处世的根基是修身。稍后一些的庄子也说，“道之真，以治身，其余绪，以为国”。所谓为家为国，应该是充实自我、修持自我以后的自然发展；而儒家则是有目的性地去执行，即一为自然的，一为自持的，这则是儒、道之间的不同点。

第五十五章

[原文]

含德之厚，比于赤子。毒虫①不螫②，猛兽不据③，攫鸟④不搏⑤。骨弱筋柔而握固。未知牝牡之合而朘作⑥，精之至也。终日号而不嗄⑦，和之至也。知和曰“常”[8]，知常曰“明”，益生[9]曰祥[10]，心使气曰强[11]。物壮[12]则老，谓之不道，不道早已。

[译文]

道德涵养浑厚的人，就好比初生的婴孩。毒虫不螫他，猛兽不伤害他，凶恶的鸟不搏击他。他的筋骨柔弱，但拳头却握得很牢固。他虽然不知道男女的交合之事，但他的小生殖器却勃然举起，这是因为精气充沛的缘故。他整天啼哭，但嗓子却不会沙哑，这是因为和气纯厚的缘故。认识淳和的道理叫做“常”，知道“常”的叫做“明”。贪生纵欲就会遭殃，欲念主使精气就叫做逞强。事物过于壮盛了就会变衰老，这就叫不合于“道”，不遵守常道就会很快地死亡。

[注释]

①毒虫：指蛇、蝎、蜂之类的有毒虫子。
②螫（shì）：毒虫子用毒刺咬人。
③据：兽类用爪、足攫取物品。
④攫鸟：用脚爪抓取食物的鸟，例如鹰隼（sǔn）一类的鸟。
⑤搏：鹰隼用爪击物。
⑥朘作：朘（zuī），男孩的生殖器。作，婴孩的生殖器勃起。
⑦嗄（shà）：嗓音嘶哑。
⑧知和曰“常”：和，指阴阳二气合和的状态。常，指事物运作的规律。
⑨益生：纵欲贪生。
⑩祥：这里指妖祥、不祥的意思。
⑪强：逞强、强暴。
⑫壮：强壮。

[引语]

本章讲处世哲学，即“德”在人身上的具体体现。前半部分用的是形象的比喻，后半部分讲的是抽象的道理，老子用赤子来比喻具有深厚修养境界的人，能返回到婴儿般的纯真柔和。“精之至”是形容精神充实饱满的状态，“和之至”是形容心灵凝聚

和谐的状态，老子主张用这样的办法就能防止外界的各种伤害和免遭不幸。如果纵欲贪生，使气逞强，就会遭殃，危害自己，也危害别人。

[评析]

在本章里，老子用夸张的手法这样写道：把“德”蕴含在自己的身心里，而且积蓄得十分深厚，就像无知无欲的赤子，毒虫、猛兽、恶禽都不会去伤害他，同时他也不会去伤害禽兽虫豸，所以不会招引兽禽的伤害。他形象地说婴儿的生殖器勃起和大声哭喊，这是他精力旺盛和保持平和之气的缘故。他讲赤子的特点是柔弱不争和精力未散，其核心还是“和”。车载说，老子书谈到“和”字，有三处应予重视，一为“和其光”，一为“冲气以为和”，一为“终日号而不嗄，和之至也”。它以“和光”与“冲气”与“婴儿”来说明“和”，都是在谈统一，都是在谈“混成”的状态。“和光”就“复归其明”说，当光射到了物件的时候，有射到的一面与射不到的另一面，“和其光”是把两者统一起来，回复到“明”的“混成”的状态。“冲气”是万物的开端，万物含有负阴、抱阳的两方面，两者经常是统一的，表现出用之不盈无所不入的作用。婴儿是人的开端，少年、壮年、老年都以之为起点，但婴儿浑沌无知，与天地之和合而为一。“和”所表示的统一，包含着对立在内，是有永恒性的，所以说“知和日常”。老子承认“万物并作”的世界的多样性和普遍存在的矛盾，对社会上存在的占有、掠夺、欺诈、征战的状况极为悲愤，把统一看成他所要追求、所要恢复的事物的常态。

第五十六章

[原文]

知者不言，言者不知①。塞其兑，闭其门②；挫其锐，解其纷；和其光，同其尘③，是谓玄同④。故不可得而亲，不可得而疏；不可得而利，不可得而害；不可得而贵，不可得而贱⑤；故为天下贵。

[译文]

聪明的智者不多说话，而到处说长论短的人就不是聪明的智者。塞堵住嗜欲的孔窍，关闭住嗜欲的门径。不露锋芒，消解纷争，挫去人们的锋芒，解脱他们的纷争，收敛他们的光耀，混同他们的尘世，这就是深奥的玄同。达到“玄同”境界的人，已经超脱亲疏、利害、贵贱的世俗范围，所以就为天下人所尊重。

[注释]

①知者不言，言者不知：此句是说，知道的人不说，爱说的人不知道。另一种解释是，聪明的人不多说话，到处说长论短的人不聪明。还有一种解释是，得“道”的人不强施号令，一切顺乎自然；强施号令的人却没有得“道”。此处采用第二种解释。

②塞其兑，闭其门：塞堵嗜欲的孔窍，关闭起嗜欲的门径。

③挫其锐，解其纷；和其光，同其尘：此句意为挫去其锐气，解除其纷扰，平和其光耀，混同其尘世。

④玄同：玄妙齐同，此处也是指“道”。

⑤不可得而亲，不可得而疏；不可得而利，不可得而害；不可得而贵，不可得而贱：这几句是说“玄同”的境界已经超出了亲疏、利害、贵贱等世俗的范畴。

[引语]

四十二章和前一章讲的都是“和”，这一章接续前章，重点讲的也是“和”。四十二章说“冲气以为和”，是讲事物矛盾着的双方，经过斗争而达到和谐与统一。前一章讲的“知和曰常”，即以和为事物的常态。本

章讲怎样可以保持常态的和。这三章之间层层深入，逻辑性极强，向人讲述了“和”的最高道德境界。不过这一章文字蕴含很深，这就不仅仅是指执政之人，而且也包括世间人们处事为人的人生哲理。他要求人们要加强自我修养，

排除私欲，不露锋芒，超脱纷争，混同尘世，不分亲疏、利害、贵贱，以开豁的心胸与无所偏的心境去对待一切人和物。如此，天下便可以大治了。

[评析]

在老子看来，得“道”的圣人，即修养成理想人格的人，能够“挫锐”、“解纷”、“和光”、“同尘”，这就达到了“玄同”的最高境界。对此，车载评论说：“锐、纷、光、尘就对立说，挫锐、解纷、和光，同尘就统一说。尖锐的东西是容易断折不能长保的，把尖锐的东西磨去了，可以避免断折的危险。各人从片面的观点出发，坚持着自己的意见，以排斥别人的意见，因而是非纷纭，无所适从，解纷的办法，在于要大家从全面来看问题，放弃片面的意见。凡是阳光照射到的地方，必然有照射不到的阴暗的一面存在，只看到了照射着的一面，忽略了照射不着的另一面，是不算真正懂得光的道理的，只有把‘负阴’、‘抱阳’的两面情况都统一地加以掌握了，然后才能懂得‘用其光，复归其明’的道理。宇宙间到处充满着灰尘，人世间纷繁复杂的情况也是如此，超脱尘世的想法与做法是不现实的，众人皆浊我独清的想法与做法是行不通的，这些都是只懂得对立一面的道理，不懂得统一一面的道理。只有化除成见、没有私心的人，才能对于好的方面，不加阻碍地让它尽量发挥作用，对不好的方面，也能因势利导，善于帮助它发挥应有的作用，‘同其尘’，是对立的统一道理的较高运用。”

第五十七章

[原文]

以正①治国，以奇②用兵，以无事取天下③。吾何以知其然哉？以此④：天下多忌讳⑤，而民弥贫；人⑥多利器⑦，国家滋昏；人多伎巧⑧，奇物⑨滋起；法令滋彰，盗贼多有。故圣人云：“我无为，而民自化[10]；
我好静，而民自正；我无事，而民自富；
我无欲，而民自朴。”

[译文]

以无为、清静之道去治理国家，以奇巧、诡秘的办法去用兵，以不扰害人民去治理天下。我怎么知道是这种情形呢？根据就在于此：天下的禁忌越多，而老百姓就越陷于贫穷；人民的锐利武器越多，国家就越陷于混乱；人们的技巧越多，邪风怪事就越闹得厉害；法令越是森严，盗贼就越是不断地增加。所以有道的圣人说，我无为，人民就自我化育；我好静，人民就自然富足；我无欲，人民就自然淳朴。

[注释]

①正：此处指无为、清静之道。
②奇：奇巧、诡秘。
③取天下：治理天下。
④以此：此，指下面一段文字。以此即以下面这段话为根据。
⑤忌讳：禁忌、避讳。
⑥人：一本作“民”，一本作“朝”。
⑦利器：锐利的武器。
⑧人多伎巧：伎巧，指技巧，智巧。此句意为人们的技巧很多。
⑨奇物：邪事、奇事。
⑩我无为，而民自化：自化，自我化育。我无为而人民就自然顺化了。

[引语]

在二章、五章和十章里，老子已将天道自然的思想，推之于人道，提出了“无为而治”的思想。在本章里，老子以“天下多忌讳，而民弥贫；人多利器，国家滋昏；人多伎巧，奇物滋起；法令滋章，盗贼多有”反证应以

“无事取天下”，句末托“圣人”之言，长言无为之治，章法井然。老子生活的时代，社会动乱不安，严峻的现实使他感到统治者依仗权势、武力、肆意横行，为所欲为，造成天下“民弥贫”、“国家滋昏”、“盗贼多有”的

混乱局面。所以老子提出了“无为”、“无静”、“无事”、“无欲”的治国方案。他的政治主张在当时不可能被执政者所接受，也绝对没有实现的可能性。总之，这一章是他对“无为”的社会政治观点的概括，充满了脱离实际的幻想成分。但这对于头脑清醒的统治者为政治民，是会有益处的。

[评析]

先说“以奇用兵”。《道德经》不是兵书，但其中不排除有关于军事方面的内容，这是我们在前面章节里已经说到的问题。例如本章讲“以奇用兵”，实际上讲的是军事问题。在老子的观念中，用兵是一种诡秘、奇诈的行为，因而在用兵时就要注意想奇法、设奇计、出奇谋，只有这样才能做到出奇制胜。这表明，老子的用兵之计与治国安邦有截然的区别，即用兵要奇，治国要正。“以奇用兵”实际就是要变化莫测、神出鬼没。战争是一种不正常的现象，是国家政治无法正常运转时不得已而采取的下策。老子反对战争，但战争却不可避免。因此，老子在《道德经》里就不能不提出自己的见解。这个“以奇用兵”之计，不是为昏君、暴君出谋划策，而是为弱者、为正义之师设想的。

再说第二层意思。老子说“天下多忌讳。而民弥贫；民多利器，国家滋昏；人多伎巧，奇物滋起；法令滋彰，盗贼多有”，这是老子对国计民生的具体思考。胡寄窗写道：“老子把工艺技巧认定为社会祸乱的原因，他们要求废除工艺技巧，甚至认为盗贼之产生也是由于工艺技巧的关系”，“可见他们对工艺技巧的深恶痛绝。坚决反对工艺技巧是道家经济思想的特点。初期儒家并不根本反对工艺之事，只不赞成儒者从事工艺，甚至有时还承认工艺的重要作用。墨家之推重工艺自不必说。战国后期的儒法各学派，虽鄙视工艺，但尚肯定工艺之社会作用。只有道家才错误地把工艺看作是社会祸乱的根源。”“老子反对工艺技巧的这一观点，非常奇特，与战国各学派以及战国以后各封建时期的思想都迥然不同。这一观点本身不仅是消极落后的，而且是反动的。”这种分析虽有其道理，但我们感到还有一些问题需要再作分析。老子重视“无为”，重视“质朴”，重视“勤俭”，他反对工商的观点有其指导思想的原因，也有其他方面的原因。客观地讲，老子并不是笼统地、绝对地反对工商，他主要

反对的是统治者借工商积敛财货，过奢侈豪华、醉生梦死的荒淫生活，并不反对老百姓求富，因为在本章中，老子说“我无事，而民自富”。这是很重要的一个证据。笼统地讲老子反对工商业的发展，恐怕还要再找一些论据。

第五十八章

[原文]

其政闷闷①，其民淳淳②；其政察察③，其民缺缺④。祸兮，福之所倚；福兮，祸之所伏。孰知其极：其无正也⑤。正复为奇，善复为妖⑥。人之迷，其日固久⑦。是以圣人方而不割⑧，廉而不刿⑨，直而不肆⑩，光而不耀⑪。

[译文]

政治宽厚清明，人民就淳朴忠诚；政治苛酷黑暗，人民就狡黠、抱怨。灾祸啊，幸福依傍在它的里面；幸福啊，灾祸藏伏在它的里面。谁能知道究竟是灾祸呢还是幸福呢？它们并没有确定的标准。正忽然转变为邪的，善忽然转变为恶的，人们的迷惑，由来已久了。因此，有道的圣人方正而不生硬，有棱角而不伤害人，直率而不放肆，光亮而不刺眼。

[注释]

①闷闷：昏昏昧昧的状态，有宽厚的意思。

②淳淳：一本作“沌沌”，淳朴厚道的意思。

③察察：严厉、苛刻。

④缺缺：狡黠、抱怨、不满足之意。

⑤其无正也：其，指福、祸变换。正，标准、确定。此句意为：它们并没有确定的标准。

⑥正复为奇，善复为妖：正，方正、端正。奇，反常、邪。善，善良。

妖，邪恶。这句话意为：正的变为邪的，善的变成恶的。

⑦人之迷，其日固久：人的迷惑于祸、福之门，而不知其循环相生之理者，其为时日必已久矣。

⑧方而不割：方正而不割伤人。

⑨廉而不刿（guì）：廉，锐利。刿，割伤。此句意为：锐利而不伤害人。

⑩直而不肆：直率而不放肆。

⑪光而不耀：光亮而不刺眼。

[引语]

前面几章论述“德”在政治、社会、人生方面的体现，本章讲的是政治、社会、人生方面的辩证法。本章里提到“祸兮，福之所倚；福兮，祸之所伏”，对于此句将在本章评析中详细论及。对于此章的研究，有的学者认为各段落之间的文义不一致、不连贯，可能有错简的情况。我们这里仍依据原文引述，未做文字方面的调整。

[评析]

老子在本章里提出的“祸兮，福之所倚；福兮，祸之所伏”一句，自古及今是极为著名的哲学命题，往往被学者们征引来用以说明老子的辩证法思想。冯友兰在分析此句时这样说：“老子哲学中的辩证法思想是春秋战国时期社会的剧烈的变革在人们思想中的反映。在中国哲学史中，从《周易》开始，即有辩证法的思想，但用一般规律的形式把它表达出来，这还是老子的贡献。但是，老子还没有把客观辩证法作为自然界和社会中最一般的规律提出来。除此之外，老子的辩证法思想还有很多严重的缺点，对形而上学思想作了很大的让步。第一，老子虽然认识到宇宙间的事物都在运动变化之中，但是认为这些运动变化，基本上是循环的，不是上升和前进的过程。它所谓‘周行’，就有循环的意义。第二，关于运动和静止，是哲学中重要问题，‘动’与‘静’也是中国哲学中的重要范畴。老子承认事物经常在变化之中，但是他也说，‘万物芸芸，各复归其根，归根曰静’（十六章）。万物的‘根’是道，‘归根曰静’。他认为‘道’也有其‘静’的一方面；而且专就这一句话说，‘静’又是主要的。因此，他在实践中特别强调清静

无为，认为‘重为轻根，静为躁君’（二十六章），‘牝常以静胜牡，以静为下’（六十一章），实际上表示对事物变化运动的厌弃。第三，对立面必须在一定的条件下，才互相转化，不具备一定的条件，是不能转化的。祸可以转化为福，福也可以转化为祸，但都是在一定的条件下才是如此，例如主观的努力或不努力等，都是条件。照老子所讲的，好像不必有主观的努力，祸自动也可以转化为福；虽然有主观的努力，福也必然转化为祸。这是不合事实的。老子的这种思想，也是没落奴隶主阶级的意识的表现。他们失去了过去的一切，自以为是处在祸中，但又无力反抗，只希望它自动地会转化为福。老子认为对立面既然互相转化，因此就很难确定哪一方面是正，哪一方面是负。这样的‘其无正’的思想，就对相对主义开了一个大门。后来庄子即由此落入相对主义。”老子的辩证法思想是非常重要的，冯友兰先生的批评十分中肯，指出了其中的要害问题，但我们的看法又与冯先生略有不同。我们感到，老子的辩证法已经具备了矛盾对立统一规律的性质，相反的东西可以相成，同时，他又知道相反的东西可以互相转化，这种观察事物、认识事物的辩证方法，是老子在哲学上的最大贡献。

第五十九章

[原文]

治人事天①，莫若啬②。夫唯啬，是谓早服③；早服谓之重积德④；重积德则无不克；无不克则莫知其极，莫知其极，可以有国；有国之母⑤，可以长久。是谓根深固柢，长生久视⑥之道。

[译文]

治理百姓和养护身心，没有比爱惜精神更为重要的了。爱惜精神，才能够做到早作准备；早作准备，就是不断地积“德”；不断地积

“德”，就没有什么不能攻克的；没有什么不能攻克，那就无法估量他的力量；具备了这种无法估量的力量，就可以担负治理国家的重任。有了治理国家的原则和道理，国家就可以长久维持。国运长久，就叫做根深蒂固，符合长久维持之道。

[注释]

①治人事天：治人，治理百姓。事天，保守精气、养护身心。对“天”的解释有两种，一是指身心，一是指自然。此句意为保养天赋。

②啬（sè）：爱惜、保养。

③早服：早为准备。

④重积德：不断地积德。

⑤有国之母：有国，含有保国的意思。母，根本、原则。

⑥长生久视：长久地维持、长久存在。

[引语]

本章讲治国与养生的原则和方法。从文字上看，老子讲了与别人不同的这样一个道理，他把吝啬当作人修身养性的重要美德加以颂扬，而不是专指财物的爱惜。老子认为，吝啬就是在精神上注意积蓄、养护、厚藏根基，培植力量。真正做到精神上的“啬”，只有积累雄厚的德，有了德，也就接近了道，这就与圣人治国联系到一起了。这里，把“啬”解释为节俭也可以，因为就老子而言，他十分重视“俭”德，这也是道家一贯的思想特征。

[评析]

首先谈“治人事天，莫若啬”。上面提到，“啬”可以解释为治国安邦的根本原则，同时也可以解释为节俭的美德。老子提出“啬”这个观念，这在春秋末年的思想界是很独特的。老子把“俭”当作“三宝”之一，他说：“我有三宝，持而保之：一曰慈，二曰俭，三曰不敢为天下先。”他认为，要“俭”才可以进一步扩大生活的范围，否则必死矣。张松如说：“啬者，亦俭也。啬就是留有余地；留有余地，才能早为之备；早为之备，才能在事物即将发生之顷及时予以解决；在事物即将发生之顷及时予以解决，才能广有蓄积；广有蓄积，自然就战无不胜攻无不克；战无不胜攻无不克，自然就具有了无穷的力量。老子认为大而维持国家的统治，小而维持生命的长久，都离不开‘啬’这条原则，都要从‘啬’这条原则做起。所以说它是‘长生久视之道也’。啬与俭当然符合‘无为而无不为’的思想，不过，如果强调它是一种消极、退守的政治倾向，就未免只从表面形式上看问题，不见得是看到了它的精神实质。”

第六十章

[原文]

治大国，若烹小鲜①，以道莅②天下，其鬼不神③。非④其鬼不神，其神不伤人。非其神不伤人，圣人亦不伤人。夫两不相伤⑤，故德交归焉⑥。

[译文]

治理大国，好像煎烹小鱼。用“道”治理天下，鬼起不了作用，不仅鬼不起作用，鬼怪的作用也伤不了人。不但鬼的作用伤害不了人，圣人有道也不会伤害人。这样，鬼和有道的圣人都不伤害人，所以，就可以让人民享受到德的恩泽。

[注释]

①小鲜：小鱼。

②莅：临。

③其鬼不神：鬼不起作用。

④非：不唯、不仅。

⑤两不相伤：鬼神和圣人不侵害人。

⑥故德交归焉：让人民

享受德的恩泽。

[引语]

本章讲的是治国的道理，“治大国，若烹小鲜”是老子所说的一句传颂很广的名言。这是个比喻，“烹小鲜”就是煎烹小鱼。这是用烹鱼比治国。小鱼很鲜嫩，用刀乱切或在锅里频频搅动，肉就碎了。国家的统治者治理国家，要像煎小鱼那样，不要常常翻弄。此外，老子是无神论者，他并不相信鬼神，但这一章一再讲到鬼神，这里是说，鬼神都不伤害人，治理国家的统治者，就更不能够伤害、烦扰人民了。并不表明老子是有神论者。

[评析]

“治大国，若烹小鲜”。这句话流传极广，深刻影响了中国几千年的政治家们。车载说：“这一段话就治国为政说，从‘无为而治’的道理里面，提出无神论倾向的见解。无为而治的思想，是老子书无为的主张在政治上的运用。老子书很看重‘无为’，提出‘为无为’，提出‘无为而无不为’，反复说明这个道理，多方运用这个道理，这是它的‘道法自然’的见解的发挥。它把这个道理运用在治国为政一方面，主张‘处无为之事，行不言之教’，当‘民忘于治，若鱼忘于水’，就不需要再用宗教来辅助政治而谋之于鬼，于是鬼神无灵了。鬼神不再有任何作为，是为政的人‘无为’的结果，符合于‘道法自然’的无为的规律。这是它提出无神论倾向的一个方面。”的确如此，这句话喻示着为政的关键在于安静无为，不扰害百姓，否则，灾祸就要来临。要保证国家的平安，执政者就必须小心谨慎，认真严肃，不能以主观意志随意左右国家政治，这句话用极其形象、简洁的语言概括了这个极其复杂的治国谋略。如果以个人的主观愿望去改变社会，朝令夕改、朝三暮四、忽左忽右，老百姓就会无所适从，国家就会动乱不安。相反，如果国家制定的政策法令能够得到坚定不移地贯彻执行，就会收到富国强兵之效。如此，一切外在的力量，都不至发生祸难的作用。

第六十一章

[原文]

大邦[①]者下流，天下之牝，天下之交也[②]。牝常以静胜牡，以静为下。故大邦以下小邦，则取小邦；小邦以下大邦，则取大邦。故或下以取，或下而取[③]。大邦不过欲兼畜人[④]，小邦不过欲入事人。夫两者各得所欲，大者宜为下。

[译文]

大国要像居于江河下游那样，使天下百川河流交汇在这里，处在天下雌柔的位置。雌柔常以安静守定而胜过雄强，这是因为它居于柔下的缘故。所以，大国对小国谦下忍让，就可以取得小国的信任和依赖；小国对大国谦下忍让，就可以见容于大国。所以，或者大国对小国谦让而取得大国的信任，或者小国对大国谦让而见容于大国。大国不要过分想统治小国，小国不要过分想顺从大国，两方面各得所欲求的，大国特别应该谦下忍让。

[注释]

①邦：一本作国。

②天下之牝（pìn），天下之交也：一本作天下之交，天下之牝也。交，会集、会总。

③或下而取：下，谦下。取，借为聚。

④兼畜人：把人聚在一起加以养护。

[引语]

本章是老子针对当时兼并战争带来的痛苦，讲到如何处理好大国与小国之间的关系，表达了老子治国和国与国关系的政治主张。在老子看来，国与国之间能否和平相处，关键在于大国，所以一再提出大国要谦下，不可以强大而凌辱、欺压、侵略小国。这章中仍有社会政治的辩证法思想。大国应该像江海，谦居下流，天下才能交归。大国还应像娴静的雌性，以静自处下位，而胜雄性。这里的国，是指大大小小的诸侯国。本章文字浅显，易于读懂。

[评析]

春秋末期，诸侯国林立，大国争霸，小国自保，战争接连不断地发生，给人们的生活带来极大灾难。任继愈说："这里老子讲的大国领导小国，小国奉承大国，是希望小国大国维持春秋时期的情况，不要改变。他希望社会永远停留在分散割据状态。这是和历史发展的方向背道而驰的。"任继愈先生这样分析，自然有其道理。因为老子学说的主要内容之一，就是小国寡民。国与国之间相安无事，和平相处。然而，深入一步研究这个问题，我们感到老子还有另外一种考虑。古今中外，人类社会能否得到安宁与和平，往往由大国、强国的国策所决定。大国、强国的欲望不过是要兼并和畜养小国、弱国；而小国、弱国的愿望，则是为了与大国修好和共处。在这两者的关系中，最主要的一方便是大国、强国。本章在开头和结语一再强调大国应该谦下包容，不可自恃强大而凌越弱小。只有这样，才可以赢得小国的信服。从此看来，老子的用心又是符合百姓们的愿望。

第六十二章

[原文]

道者，万物之奥①，善人之宝，不善人之所保②。美言可以市尊③，美行可以加人④。人之不善，何弃之有？故立天子，置三公⑤，虽有拱璧以先驷马⑥，不如坐进此道⑦。古之所以贵此道者何？不曰：求以得⑧，有罪以免邪⑨？故为天下贵。

[译文]

“道”是荫庇万物之所，善良之人珍贵它，不善的人也要保持它。需要的时候还要求它庇护。美好的言辞可以换来别人对你的尊重；良好的行为可以见重于人。不善的人怎能舍弃它呢？所以在天子即位、设置三公的时候，虽然有拱璧在先驷马在后的献礼仪式，还不如把这个“道”进献给他们。自古以来，人们所以把“道”看得这样宝贵，不正是由于求它庇护一定可以得到满足；犯了罪过，也可得到它的宽恕吗？就因为这个，天下人才如此珍视“道”。

[注释]

①奥：一说为深的意思，不被人看见的地方；另一说是藏，含有庇荫之意。其实两说比较接近，不必仅执其一。

②不善人之所保：不善之人也要保持它。

③美言可以市尊：美好的言辞，可以换来别人对你的敬仰。

④美行可以加人：良好的行为，可以见重于人。

⑤三公：太师、太傅、太保。

⑥拱璧以先驷马：拱璧，指双手捧着贵重的玉；驷马，四匹马驾的车。古代的献礼，轻物在先，重物在后。

⑦坐进此道：献上清静无为的道。

⑧求以得：有求就得到。

⑨有罪以免邪：有罪的人得到“道”，可以免去罪过。

[引语]

本章再一次宣扬“道”的好处和作用。老子认为，清静无为的“道”，不但是善良之人的法宝，就是不善的人也必须保有它。所以有人认为，这一章的新意就在于指出世人在“道”面前应该一律平等。“道”保护善人，但也不抛弃不善人，它有求必应，有过必除。这是“道”的可贵之处。如果说在上一章，老子强调统一即“和”的思想在国与国之间关系上的运用，这一章则是在人际关系上的运用。本章的目的，在于晓谕人君行“无为”之政。

[评析]

“道”是天地间最可宝贵的。所以可贵就在于“求以得，有罪以免邪？”这就是说，善人化于道，则求善得善，有罪者化于道，则免恶入善。“道”并不仅仅是为善良之人所领悟，不善人并不被道所抛弃，只要他们一心向道，深切体会“道”的精髓要义，即使有罪过也是可以免除的。老子在这里给人们，包括有罪之人提供了新的出路，还是很有意义的。这种想法与孔子所言“君子过而能改”的说法是有相近意义的。君子不怕犯错误，只要能认真改正，就不算错误，而且，这只是君子才可以做到的。老子则从主客观两个方面为有错者提供了出路，“道”不嫌弃犯罪之人，肯定会给他改错的机会；而犯罪者本人也必须体道、悟道，领会道的真谛，主客观这两方面的条件缺一不可。

第六十三章

[原文]

为无为，事无事，味无味①。大小多少②。报怨以德③。图难于其易，为大于其细；天下难事，必作于易；天下大事，必作于细。是以圣人终不为大④，故能成其大。夫轻诺必寡信，多易必多难。是以圣人犹难之，故终无难矣。

[译文]

以无为的态度去有所作为，以不滋事的方法去处理事物，以恬淡无味当作有味。大生于小，多起于少。处理问题要从容易的地方入手，实现远大要从细微的地方入手。天下的难事，一定从简易的地方做起；天下的大事，一定从微细的部分开端。因此，有“道”的圣人始终不贪图大贡献，所以才能做成大事。那些轻易发出诺言的，必定很少能够兑现，把事情看得太容易，势必遭受很多困难。因此，有道的圣人总是看重困难，所以就终于没有困难了。

[注释]

①为无为，事无事，味无味：此句意为把无为当作为，把无事当作事，把无味当作味。

②大小多少：大生于小，多起于少。另一解释是大的看作小，小的看作大，多的看作少，少的看作多，还有一说是，去其大，取其小，去其多，取其少。

③报怨以德：此句当移至七十九章“必有余怨”句后，故此处不译。

④不为大：是说有道的人不自以为大。

[引语]

本章旨在阐发“无为而无不为”的道理，也可以说是一种处世哲学。老子讲“为无为，事无事，味无味”的道理。从前几章的内容来看，老子反对以繁琐的禁令去捆住人民的手脚、限制和扰乱百姓的生活，要想有所作为，就必须采取顺应自然的态度，必须以平静的思想和行为对待生活。他提醒人们注意，做任何事情都是从小到大，由少到多，由易到难的。

[评析]

老子理想中的“圣人”对待天下，都是持“无为”的态度，也就是顺应自然的规律去“为”，所以叫“为无为”。把这个道理推及到人类社会的通常事务，就是要以“无事”的态度去办事。因此，所谓“无事”，就是希望人们从客观实际情况出发，一旦条件成熟，水到渠成，事情也就做成了。这里，老子不主张统治者任凭主观意志发号施令，强制推行什么事。“味无味”是以生活中的常情去比喻，这个比喻是极其形象的，人要知味，必须首先从尝无味开始，把无味当作味，这就是“味无味”。接下来，老子又说，“图难于其易”。这是提醒人们处理艰难的事情，须先从细易处着手。面临着细易的事情，却不可轻心。“难之”，这是一种慎重的态度，缜密的思考、细心而为之。本章格言，对于人们来讲，无论行事还是求学，都是不移的至理。这也是一种朴素辩证法的方法论，暗含着对立统一的法则，隐含着由量变到质变的飞跃的法则。同时，我们也看到，本章的“无

为”并不是讲人们无所作为，而是以“无为”求得“无不为”，他说“是以圣人终不为大，故能成其大”。这正是从方法论上说明了老子的确是主张以无为而有所作为的。

第六十四章

[原文]

其安易持，其未兆易谋；其脆易泮[1]，其微易散。为之于未有，治之于未乱。合抱之木，生于毫末[2]；九层之台，起于累土[3]；千里之行，始于足下。为者败之，执者失之[4]。是以圣人无为故无败，无执故无失[5]。民之从事，常于几成而败之。慎终如始，则无败事。是以圣人欲不欲，不贵难得之货，学不学[6]，复众人之所过，以辅万物之自然而不敢为[7]。

[译文]

局面安定时容易保持和维护，事变没有出现迹象时容易图谋；事物脆弱时容易消解；事物细微时容易散失；做事情要在它尚未发生以前就处理妥当；治理国政，要在祸乱没有产生以前就早做准备。合抱的大树，生长于细小的萌芽；九层的高台，筑起于每一堆泥土；千里的远行，是从脚下第一步开始走出来的。有所作为的将会招致失败，有所执着的将会遭受损害。因此圣人无所作为也不会招致失败，无所执着也不遭受损害。人们做事情，总是在快要成功时失败，所以当事情快要完成的时候，也要像开始时那样慎重，就没有办不成的事情。因此，有道的圣人追求人所不追求的，不稀罕难以得到的货物，学习别人所不学习的，补救众人所经常犯的过错。这样遵循万物的自然本性而不会妄加干预。

[注释]

①其脆易泮（pàn）：泮，散，解。物品脆弱就容易消解。

②毫末：细小的萌芽。

③累土：堆土。

④为者败之，执者失之：一说是二十九章错简于此。

⑤是以圣人无为故无败，无执故无失：此句仍疑为二十九章错简于本章。

⑥学：这里指办事有错的教训。

⑦而不敢为：此句也疑为错简。

[引语]

这一章从内容上讲与前一章相接续，仍然是谈事物发展变化的辩证法。由于与上一章联系起来读，也可以说又返回到“为无为，事无事，味无味”的道理。老子认为，大的事物总是始于小的东西而发展起来的，任何事物的出现，总有自身生成、变化和发展的过程，人们应该了解这个过程，对于在这个过程中事物有可能发生祸患的环节给予特别注意，杜绝它的出现。从“大生于小”的观点出发，老子进一步阐述事物发展变化的规律，说明“合抱之木”、“九层之台”、“千里之行”的远大事情，都是从“生于毫末”、“起于累土”、“始于足下”为开端的，形象地证明了大的东西无不从细小的东西发展而来。同时也告诫人们，无论做什么事情，都必须具有坚强的毅力，从小事做起，才可能成就大事业。

[评析]

老子依据他对人生的体验和对万物的洞察，指出“民之从事，常于几成而败之”。许多人不能持之以恒，总是在事情快要成功的时候失败了。出

现这种情况的原因是什么？老子认为，主要原因在于将成之时，人们不够谨慎，开始懈怠，没有保持事情初始时的那种热情，缺乏韧性，如果能够做到“慎终如始，则无败事”。老子认为，一个人应发挥智能或技能的最佳状态，只有在心理平静的自然状态下才能做到。总之，在最后关头要像一开始的时候那样谨慎从事，就不会出现失败的事情了。

在本章的第二个部分中，老子运用三个排比

句：“合抱之木，生于毫末；九层之台，起于累土；千里之行，始于足下。”由此，再看一下荀子《劝学篇》中所写的这几句话：“积土成山”、“积水成渊”、“不积跬步，无以致千里；不积小流，无以成江海”。可见，他们在思想观点上有某些相同或承继

关系，或者说，荀子吸取了老子的这一观点。但接下来的结论，荀子与老子不同，他说“锲而不舍，金石可镂”，人要像蚯蚓那样“用心一也”，虽然“无爪牙之利，筋骨之强”，也要“上食埃土，下饮黄泉”；提出积极进取的主张；而老子则主张“无为”、“无执”，实际上是让人们依照自然规律办事，树立必胜的信心和坚强的毅力，耐心地一点一滴去完成，稍有松懈，常会造成前功尽弃、功亏一篑的结局。

第六十五章

[原文]

古之善为道者，非以明民①，将以愚之②。民之难治，以其智多③。故以智治国，国之贼④；不以智治国，国之福。知此两者⑤，亦稽式⑥。常知稽式，是谓玄德。玄德深矣，远矣，与物反矣⑦，然后乃至大顺⑧。

[译文]

古代善于为道的人，不是教导人民知晓智巧伪诈，而是教导人民淳厚朴实。人们之所以难于统治，乃是因为他们使用太多的智巧心机。所以用智巧心机治理国家，就必然会危害国家，不用智巧心机治理国家，才是国家的幸福。了解这两种治国方式的差别，就是一个法则，经常了解这个法则，就叫做“玄德”。玄德又深又远，和具体的事物复归到真朴，然后才能极大地顺乎于自然。

[注释]

①明民：明，知晓巧诈。明民，意为让人民知晓巧诈。

②将以愚之：愚，敦厚、朴实，没有巧诈之心。不是愚弄、蒙昧。此句意为使老百姓无巧诈之心，敦厚朴实、善良忠厚。

③智多：智，巧诈、奸诈，而非为智慧、知识。

④贼：伤害的意思。

⑤两者：指上文“以智治国，国之贼；不以智治国，国之福”。

⑥稽式：法式、法则，一本作“楷式”。

⑦与物反矣：反，通“返”。此句意为“德”和事物复归于真朴。

⑧大顺：自然。

[引语]

本章主要讲为政的原则。有一种观点认为，从本章和下一章的内容看，老子这部书的性质，一言以蔽之，是谓“君人南面之术”。也就是说，不外乎为统治阶级出谋划策，而且谋划的都是阴险狡诈之术。对于这种观点，我们不敢苟同，我们的看法将在本章评析中详述。

[评析]

本章有“非以明民，将以愚之”，“民之难治，以其智多”数句，从文字的表面意思上去看，很容易得出“为统治阶级出谋划策，而且谋划的都是阴险狡诈之术”的结论。自古及后的封建统治者对人民群众实行“愚民政策”，与老子“非以明民，将以愚之”不能说毫无干系，但并不能得出直接的结论。因为就老子的本意来讲，他绝对不是为迎合统治者的需要而提出一套愚民之术。有的学者说：“他是愿人与我同愚，泯除世上一切阶级，做到物我兼我的大平等，这样自可减少人间的许多龃龉纷争。”也有学者认为，

老子的愚民思想，后来被法家所吸取，成为越来越荒谬的愚民政策；而且一脉相承下来，要对形成以阿Q精神和不怒、不争为特点的国民性负责。对于这种论点，我们不能同意。正如陈鼓应所说：“老子认为政治的好坏，常系于统治者的处心和做法。统治者若是真诚朴质，才能导出良好的政风，有良好的政风，社会才能趋于安宁；如果统治者

机巧黠滑，就会产生败坏的政风。政风败坏，人们就相互伪诈，彼此贼害，而社会将无宁日。居于这个观点，所以老子期望统治者导民以‘愚’。老子生当乱世，感于世乱的根源莫过于大家攻心斗智，竞相伪饰，因此呼吁人们扬弃世俗价值的纠纷，而返璞归真。老子针对时弊，而作出这种愤世矫枉的言论。”对老子“非以明民，将以愚之”的主张，陈鼓应先生有深入切实的评价，这个评价极为中肯。老子希望人们不要被智巧、争夺搞得心迷神乱，不要泯灭原始的质朴、淳厚的人性，要因顺自然，而本章所讲的“愚”，其实就是质朴、自然的另一表述词句。

第六十六章

[原文]

江海之所以能为百谷王①者，以其善下之，故能为百谷王。是以圣人②欲上民，必以言下之；欲先民，必以身后之。是以圣人处上而民不重③，处前而民不害。是以天下乐推而不厌。以其不争，故天下莫能与之争。

[译文]

江海所以能够成为百川河流所汇往的地方，乃是由于它善于处在低下的地方，所以能够成为百川之王。因此，圣人要领导人民，必须用言辞对人民表示谦下，要想领导人民，必须把自己的利益放在他们的后面。所以，有道的圣人虽然地位居于人民之上，而人民并不感到负担沉重；居于人民之前，而人民并不感到受害。天下的人民都乐意推戴而不感到厌倦。因为他不与人民相争，所以天下没有人能和他相争。

[注释]

①百谷王：百川狭谷所归附。

②圣人：一本无此二字。

③重：累、不堪重负。

[引语]

本章讲的是“不争”的政治哲学。老子通过大国与小国的关系，讲了“大者宜为下”的道理，也讲了“圣人”也要“为下”。他认为，统治者应该处下、居后，这样才能对百姓宽厚、包容，就好像居处于下游的江海可以包容百川之水那样。究竟这一章是否向统治者献计献策呢？我们还是要在本章评析中加以研究。本章开头用江海作比喻，这和三十二章“譬道之在天下，犹川谷之于江海”的意思相同。老子喜欢用江海来比喻人的处下居后，同时也以江海象征人的包容大度。

[评析]

如上一章所说，在老子研究中有一些注释家认为，这一章表达了老子的一套利用人民、统治人民的权术。例如，张松如先生说，“这是向统治者献言，颇有点像班固所说的‘君人南面之术’。”不过，张先生的观点并不完全等同于有些学者关于老子是为统治者出谋划策的观点，而是认为老子的主张反映了农民小生产者的愿望。他说：“‘圣人’要想统治人民，就得用言辞对人民表示谦下；要想领导人民，就得把自身放置在人民后面。最后，要做到‘居上而民弗重也，居前而民弗害也’。难道这不正是当时处于水深火热的广大农业小生产者的迫切愿望吗？事实上，封建统治者当中谁个能做到这一点呢？以不争争，以无为为，这是合乎辩证法的，这也是农业小生产者的经济特点及其阶级利益决定的一种社会思想。当然，他只能把这种思想作为建议进献给他所理想中的体‘道’的‘圣人’。为什么一定会是这样呢？因为‘他们不能代表自己，一定要别人来代表他们。他们的代表一定要同时是他们的主宰，是高高站在他们上面的权威，是不受限制的政府权力，这种权力保护他们不受其他阶级侵犯，并从上面赐给我们雨水和阳光。’农民阶级都是皇权主义者，这在他们刚刚走上历史舞台的古时，更是如此。天真幻想诚有之，贬曰滑头，作为阴险，未免过界了吧。”对于张松如先生的这番论述，我们基本上表示赞同。如果说老子是在为统治者献计献策，那也是站在劳动者的立场上，是为国家和百姓的利益而呐喊。这种立场和观点，我们感

到与孔孟和儒家所讲的“君末民本”的思想或多或少有些相似或相近的地方，因为“君末民本”仍是在为封建统治者做长远打算。然而这种主张在今天的学术研究中已基本得到学者们的肯定，那么我们觉得老子的这些主张，是不是也应当得到肯定呢？我们想，答案应当是肯定的。

第六十七章

[原文]

天下皆谓我“道”大[1]，似不肖[2]。夫唯大，故似不肖。若肖，久矣其细也夫[3]！我有三宝[4]，持而保之：一曰慈，二曰俭[5]，三曰不敢为天下先。慈故能勇[6]；俭故能广[7]；不敢为天下先，故能成器长[8]。今舍慈且[9]勇；舍俭且广；舍后且先；死矣！夫慈，以战则胜[10]，以守则固。天将救之，以慈卫之。

[译文]

天下人能说“我道”伟大，不像任何具体事物的样子。正因为它伟大，所以才不像任何具体的事物。如果它像任何一个具体的事物，那么“道”也就显得很渺小了。我有三件法宝执守而且保全它：第一件叫做慈爱；第二件叫做俭啬；第三件是不敢居于天下人的前面。有了这柔慈，所以能勇武；有了俭啬，所以能大方；不敢居于天下人之先，所以能成为万物的首长。现在丢弃了柔慈而追求勇武；丢弃了啬俭而追求大方；舍弃退让而求争先，结果是走向死亡。慈爱，用来征战，就能够胜利，用来守卫就能巩固。天要援助谁，就用柔慈来

保护他。

[注释]

①我“道”大：道即我，我即道。“我”不是老子用作自称之词。

②似不肖：肖，相似之意。意为不像具体的事物。一说，没有任何东西和我相似。

③若肖，久矣其细也夫：以上这一段，有学者认为是它章错简。

④三宝：三件法宝，或三条原则。

⑤俭：啬，保守，有而不尽用。

⑥慈故能勇：仁慈所以能勇武。

⑦俭故能广：俭啬所以能大方。

⑧器长：器，指万物。万物的首长。

⑨且：取。

⑩以战则胜：一本作“以阵则亡”。

[引语]

这一章是“道”的自述，讲的是“道”的原则在政治、军事方面的具体运用。老子说，“道”的原则有三条（即三宝），这就是：“慈”，即爱心加上同情感；“俭”，即含藏培蓄，不奢侈，不肆为；“不敢为天下先”，是“谦让”、“不争”的思想。有“道”的人运用这三条原则，能取得非常好的效果，否则，便会自取灭亡。本章实际是对《德经》三十八章以来的一个小结。

[评析]

本章包括两层内容：一是讲“道”的伟大；二是讲法宝的妙用。有学者认为这二者之间没有联系，毫不相应，显然是它章错简，认为可以移到三十四章，“故能成其大”句下。我们的看法与这种主张有些区别，认为这两层次前后呼应，有内在联系。例如，第一句和第二句说，天下人都说我道伟大，不像任何具体事物的样子，……我这个伟大的“道”有什么护身的法宝呢？这就是“慈”、“俭”、“不敢为天下先”。这难道不是两层意思的内在联系吗？“慈”，包含有柔和、爱惜之意。四十章讲“弱者道之用”；四十三章讲“天下

之至柔，驰骋天下之至坚”；五十二章讲“守柔曰强”；四十五章讲“清静为天下正”；五十五章讲“和”，六十一章讲“牝常以静胜牡”等内容，都可以包括在“慈”的范围之内。“无为”是老子政治思想的最高概括，而“慈”的另一个名词则是“无为”。“慈”是三宝的首要原则，用慈进攻可以得胜，退守则可以坚固。如果上天要救护谁，就用慈来保卫他。

“俭”的内涵有两层：一是节俭、吝惜；二是收敛、克制。五十九章讲“治人事天，莫若啬”，与这里的“俭”是相同的含义。俭即是啬。老子要求人们不仅要节约人力物力，还要聚敛精神，积蓄能量，等待时机。“不敢为天下先”，也有两层含义：一是不争、谦让；二是退守、居下。六十一章讲“大邦者下流”；六十六章讲江海“善下”，都指不为天下先的意思。这符合于“道”的原则。总之，“慈”、“俭”、“不敢为天下先”这“三宝”，是老子对于“道”和“德”的社会实践意义的总结。老子身处战乱，目击了太多的暴力残酷场面，深深地感觉到治国安邦离不开这三宝，因而才极力加以阐扬。

第六十八章

[原文]

善为士者[1]，不武；善战者，不怒；善胜敌者，不与[2]；善用人者，为之下。是谓不争之德，是谓用人之力，是谓配天古之极[3]。

[译文]

善于带兵打仗的将帅，不逞其勇武；善于打仗的人，不轻易激怒；善于胜敌的人，不与敌人正面冲突；善于用人的人，对人表示谦下。这叫做不与人争的品德，这叫做运用别人的能力，这叫做符合自然的道理。

[注释]

①善为士者：士，即武士，这里作将帅讲。此句意为善作将帅的人。

②不与：意为不争，不正面冲突。

③配天古之极：符合自然的道理。一说“古”字是衍文。

[引语]

这一章是专从用兵的意义上讲战略战术的原则。其中心意思在于阐明上一章所讲“夫慈，以战则胜，以守则固”的道理。他要求人们不逞勇武，不轻易激怒，避免与人正面冲突，充分发挥人的才智能力，善于利用别人的力量，以不争达到争的目的。老子认为，这是符合于天道的，是古老的准则。

[评析]

本章的文字讲用兵作战的道理，认为《道德经》是一部兵书的学者，往往以此为论据。我们的意见是，老子就军事现象，为其辩证法思想提供论据。事实上，军事辩证法本身就是一门深奥的学问。或者说，本章内容既是讲用兵打仗，又是讲辩证法的道理，这样理解，也无不可。但说到底，认为《道德经》是一部兵书，那就极大曲解了它的内涵。下面，我们谈谈“善战者，不怒”的问题。《孙子兵法·火攻》写道：“主不可以怒而兴师，将不可以愠而致战。”这是说，国君不能因一时之愤怒而发动战争；将帅不能因一时之气愤而出阵开仗。这一军事思想与老子在本章里所讲的内容是基本一致的。战争是国力、人力的较量，也是智慧的较量。“武”、“怒”是军事指挥者暴烈、失去理智的表现。一旦“怒”上心头，就会失去冷静，也就不能客观地分析、研究敌我双方的优与劣，而以主观臆断和愤怒的情绪代替客观实际，这种状况将给国家和军队，带来极大危害和灾难。这样的事例在古今中外的战争史上比比皆是。军事上如此，人生亦然。遇事不急躁、不冲动，平心静气地认真思考，细心分辨客观现象，就可找到问题的症结，从而得出正确的解决方法。

第六十九章

[原文]

用兵有言：“吾不敢为主①，而为客②；不敢进寸，而退尺。”是谓行无行③；攘无臂④；扔无敌⑤；执无兵⑥。祸莫大于轻敌，轻敌几丧吾宝。故抗兵相若⑦，哀⑧者胜矣。

[译文]

用兵的人曾经这样说，“我不敢主动进犯，而采取守势；不敢前进一步，而宁可后退一尺。”这就叫做虽然有阵势，却像没有阵势可摆一样；虽然要奋臂，却像没有臂膀可举一样；虽然面临敌人，却像没有敌人可打一样；虽然有兵器，却像没有兵器可以执握一样。祸患再没有比轻敌更大的了，轻敌几乎丧失了我的“三宝”。所以，两军实力相当的时候，悲痛的一方可以获得胜利。

[注释]

①为主：主动进攻，进犯敌人。

②为客：被动退守，不得已而应敌。

③行无行：行，行列，阵势。意为：虽然有阵势，却像没有阵势可摆。

④攘无臂：攘，上举，举起。意为虽然要奋臂，却像没有臂膀可举一样。

⑤扔无敌：扔，乃，就。意为虽然面临敌人，却像没有敌人可赴。

⑥执无兵：兵，兵器。意为：虽然有兵器，却像没有兵器可执。

⑦抗兵相若：意为两军相当。

⑧哀：闵、慈。

[引语]

本章仍是从军事学的角度，谈以退为进的处世哲学。老子认为，战争应以守为主，以守而取胜，表现了老子反对战争的思想，同时也表明老子处世哲学中的退

守、居下原则。这一章讲到“哀兵必胜，骄兵必败”的道理，成为千古兵家的军事名言。本章和前两章是相应的，都是在阐明哀、慈、柔的道理，以明不争之德。

[评析]

焦宏《老子翼》引吕吉甫曰：“道之动常在于迫，而能以不争胜。其施之于用兵之际，宜若有所不行者也。而用兵者有言：吾不敢为主而为客，不敢进寸而退尺，则虽兵犹迫而后动，而胜之以不争也，而况其他乎。何则？主逆而客顺，主劳而客逸，进骄而退卑，进躁而退静。以顺待逆，以逸待劳，以卑待骄，以静待躁，皆非所敌也。所以尔者，道之为常出于无为，故其动常出于迫，而其胜常以不争，虽兵亦由是故也。诚知为常出于无为，则吾之常无行，其攘常无臂，其扔常无敌，其执常无兵，安往而不胜哉？苟为不能出于无为，知主而不知客，知进而不知退，是之谓轻敌，轻敌则吾之所谓三宝保而论之者，和于丧矣。故曰祸莫大于轻敌，轻敌几丧吾宝，夫唯以不争为胜者，则未有能胜之者也。故曰：抗兵相若，哀者胜矣。”张松如认为，“今人或谓老子以退为进的方针，在军事方面，则表现为以守为主，以守取胜的主张。这条总的作战原则是不对的，但老子提出的不可轻敌和双方兵力差不多相等的条件下，悲愤的一方将获胜等见解，还有它合理的地方。”唐朝王真注老子的《道德经论兵要义述》中说，“五千之言”的《老子》“未尝有一章不属意于兵也”。此论断有些不切实际。从本章内容看，老子是反战的。他认为，如果是被迫卷入战争，就应该采取完全的守势，这是他把谦退忍让、无为静柔的哲学思想，通过军事再次表述出来，而老子并不是兵家，并不是就军事论军事。这在前面，我们已经多次提到，兹不赘述。

第七十章

[原文]

吾言甚易知，甚易行。天下莫能知，莫能行。言有宗①，事有君②，夫唯无知③，是以不我知。知我者希，则④我者贵。是以圣人被褐⑤而怀玉⑥。

[译文]

我的话很容易理解，很容易施行。但是天下竟没有谁能理解，没有谁能实行。言论有主旨，行事有根据。正由于人们不理解这个道理，因此才不理解我。能理解我的人很少，那么能取法于我的人就更难得了。因此有道的圣人总是穿着粗布衣服，怀里揣着美玉。

[注释]

①言有宗：言论有一定的主旨。

②事有君：办事有一定的根据。一本“君”作“主”。“君”指有所本。

③无知：指别人不理解。一说指自己无知。

④则：法则。此处用作动词，意为效法。

⑤被褐（hè）：被，穿着。褐，粗布。

⑥怀玉：玉，美玉，此处引申为知识和才能。怀玉，意为怀揣着知识和才能。

[引语]

本章流露出老子对当时统治者失望的情绪。他提出的一系列政治主张，很容易理解、很容易实行，却没有任何人理解和实行。看来，他的那一套治天下的理想，只有他幻想中的“圣人”才能实现。在现实中是无法实现的。他不了解，任何治国方案，都必须适应统治阶层的利益，否则，他们是不会采纳，不会去实行的。于是，老子就有了这一篇感慨之论。本章是专对掌权者而言的，不是对一般人说的。文中的“我”、“吾”等词，可谓之“道”的人格化。

[评析]

在以前各章里，老子谈了自己的政治理想和政治学说，例如静、柔、俭、慈、无为、不争等，这些都是合乎于道、本于自然的主张。在社会生活当中应当是容易被人们所理解、易于被人们所实行。然而，人们却拘泥于名利，急于躁进，违背了无为的原则。老子试图对人们的思想和行为进行探索，对于万事万物作出根本的认识和注解，他以浅显的文字讲述了深奥的道理，正如身着粗衣而

怀揣美玉一般。但不能被人们理解，更不被人们实行，因而他感叹道：“知我者希”。对此，任继愈先生说：“他自以为很高明，颇有怀才不遇、曲高和寡的苦闷。其实他唱出的是没落阶级的挽歌。并不是人们不了解他。而是历史抛弃了他。”张松如先生不同意这样的观点。他说，“历史却并没有冷落了他。单说先秦时期吧：相传春秋时的叔向、墨翟，战国时的魏武侯、颜触，都曾称引过他的话；庄子则颂扬他‘古之博大真人哉！’（《庄子·天下篇》）以宋研、尹文为代表的稷下学人又继承了老子而发展为黄老学派；至于韩非，更有《解老》、《喻老》之作。降至秦后，西汉初年，黄老之学一度居于统治地位。司马谈《论六家之要旨》，实突出道家，而司马迁《史记》并特为立传。演至东汉，甚至神化为道教的始祖了。凡此一切，总不能说是‘历史抛弃了他’吧。”我们感到任、张二位先生在这个问题的讨论中有不同的标准。比如，怎样才算是被历史抛弃了的问题。任继愈先生的意思是，老子在他所生活的那个时代，他提出的政治主张不被人们理解和采纳，因而感到政治抱负难以施展，颇有怀才不遇、曲高和寡的苦闷，从这个意义上讲，老子没有被时代所选取。张松如先生则是从老子之后的若干年、几百年乃至上千年的历史长河中去研究老子是不是被历史所抛弃的问题。所以，任、张二先生的标准不同，观点上就有了差异。在历史上经常可以见到这样的景况，怀才不遇、难以施展其政治抱负的君子们，往往被后世的人们所看重，老子如此，孔子又何尝不是如此呢？因此，我们的认识是，老子被他所处的时代抛弃了，他的政治主张不能实行；但他又被后世的人们认可，他的思想学说、他的政治主张，有些被统治者接受了、实施了，有些被推向至尊之地，被神化为道教之经典。

第七十一章

[原文]

知不知①，尚矣②；不知知③，病也。圣人不病，以其病病④。夫唯病病，是以不病。

[译文]

知道自己还有所不知，这是很高明的。不知道却自以为知道，这就是很糟糕的。有道的圣人没有缺点，因为他把缺点当作缺点。正因为他把缺点当作缺点，所以，他没有缺点。

[注释]

①知不知：注解家们一般对此句有两种解释。一说知道却不自以为知道，一说知道自己有所不知。

②尚矣："尚"通"上"。

③不知知：不知道却自以为知道。

④病病：病，毛病、缺点。把病当作病。

[引语]

这一章是人贵有自知之明的格言。在社会生活中，有一些人自以为是，不懂装懂，刚刚了解了一些事物的皮毛，就以为掌握了宇宙变化与发展的规律；还有些人没有什么知识，而是凭借权力地位，招摇过市，便摆出一副智者的架势，用大话、假话欺人、蒙人。对于这些人，老子大不以为然，并且提出了尖锐的批评。

[评析]

在自知之明的问题上，中国古代哲人们有非常相似的观点。孔子有言曰："知之为知之，不知为不知，是知也。"（《论语·为政》）在老子看来，真正领会"道"之精髓的圣人，不轻易下断语，即使是对已知的事物，也不会妄自臆断，而是把已知当作未知，这是虚心的求学态度。只有这个态度，才能使人不断地探求真理。所以，老子认为，"知不知"，才是最高明的。在古今社会生活中，刚愎自用、自以为是的人并不少见。这些人缺乏自知之明，刚刚学到一点儿知识，就以为了不起，从而目中无人，目空一切，甚至把自己的老师也不放在眼中。这些人肆意贬低别人，抬高自己，以为老子天下第一，这说到底，如果不是道德品质问题，那就是没有自知之明。我们在阅读这一章的内容以后，深深地感到老子的《道德经》真是一部极富智慧的处世之作。

第七十二章

[原文]

民不畏威①，则大威至②。无狎③其所居，无厌④其所生。夫唯不厌⑤，是以不厌。是以圣人自知不自见⑥，自爱不自贵⑦。故去彼取此⑧。

[译文]

当人民不畏惧统治者的威压时，那么，可怕的祸乱就要到来了。不要逼迫人民不得安居，不要阻塞人民谋生的道路。只有不压迫人民，人民才不厌恶统治者。因此，有道的圣人不但有自知之明，而且也不自我表现；有自爱之心也不自显高贵。所以要舍弃后者（自见、自贵）而保持前者（自知、自爱）。

[注释]

①民不畏威：威，指统治者的镇压和威慑。此句意为，百姓们不畏惧统治者的高压政策。

②大威至：这个威是指人民的反抗斗争。

③无狎：狎，通“狭”，意为压迫、逼迫。无狎，即不要逼迫的意思。

④无厌：厌指压迫、阻塞的意思。

⑤不厌：这个厌指人民对统治者的厌恶、反抗斗争。

⑥不自见：不自我表现，不自我显示。

⑦自爱不自贵：指圣人但求自爱而不求自显高贵。

⑧去彼取此：指舍去“自见”、“自贵”，而取“自知”、“自爱”。

[引语]

上一章讲自知之明，是就一般情况而论的。本章着重讲统治者要有自知之明，反对采取高压政治，反对肆无忌惮地压榨百姓。他认为，老百姓一旦不畏惧统治者的残暴统治，那么可怕的反暴力斗争就要发生了。他希望统治者不要自居高贵，而要自知、自爱，抛弃自见和自贵，这样，他就不会遭到人民的反抗。此章讲“不自贵”，与十三章讲“贵身”、四十四章讲“名与身孰亲”的内涵不同。“贵身”讲维护人的尊严，自重自爱，不以荣辱忧患和其它身外之物损害了自身的尊贵；“名与身孰亲”则说人的价值比虚名和货利更宝贵，不要为争夺身外的名利而轻生伤身。

[评析]

有的学者认为，“这一章可以看出老子对人民反压迫斗争的敌视。”当然，我们认为老子不希望暴乱，无论统治者的高压暴政，也无论人民的反抗斗争都极力加以反对，这是因为暴乱将给社会造成严重灾难。那么，只要仔细加以分辨，我们就会得知，老子重点反对的是统治者的高压政策和自见、自贵的政治态度。因为人民的反抗斗争必须有一个前提，这个前提就是只有当统治者对人民实施暴政，压迫和掠夺人民的时候才会发生。所以老子警告统治者，对待人民必须宽厚，“无狎其所居，无厌其所生”。如果只是凭借恐怖手段，使人民群众无法照旧生存下去的话，那么老百姓就会掀起巨大的暴动，反抗统治者的暴政。然而，老子对当世的统治者们失去了信心，而把希望寄托在理想中的“圣人”身上，只有“圣人”才懂得这个道理。圣人有自知之明，有自爱之心。他不会自我显示，不会自我抬高，这样就可以取得人民群众对他的拥护和支持。由此，我们感到，老子这一章的内容，正是表达了人民的愿望，而不仅仅是对人民反压迫斗争的敌视了。

第七十三章

[原文]

勇于敢则杀，勇于不敢则活[1]。此两者，或利或害[2]。天之所恶，孰知其故？是以圣人犹难之[3]。天之道[4]，不争而善胜，不应而善应，不召而自来，坦然[5]而善谋。天网恢恢[6]，疏而不失[7]。

[译文]

勇于坚强就会死，勇于柔弱就可以活，这两种勇的结果，有的得利，有的受害。天所厌恶的，谁知道是什么缘故？有道的圣人也难以解说明白。自然的规律是，不斗争而善于取胜；不言语而善于应承；不召唤而自动到来；坦然而善于安排筹划。自然的范围，宽广无边，虽然宽疏但并不漏失。

[注释]

①勇于敢则杀，勇于不敢则活：敢，勇敢、坚强。不敢，柔弱、软弱。此句意为勇于坚强就会死，勇于柔弱就可以活命。

②或利或害：勇于柔弱则利，勇于坚强则害。

③是以圣人犹难之：此句已见于六十三章。

④天之道：指自然的规律。

⑤坦然：安然、坦然。

⑥天网恢恢：天网指自然的范围。恢恢，广大、宽广无边。

⑦疏而不失：虽然宽疏但并不漏失。

[引语]

本章主要讲人生哲学。第一层意思是柔弱胜坚强，第二层意思是天道自然。这两层意思之间是相互沟通的。老子认为，两种不同的勇，会产生两种不同的结果，一则遭害，一则存活。“勇于敢则杀，勇于不敢则活”。自然界的万事万物只要依照自然的规律变化和发展，都会有好的结果，不会有什么漏失。在这里，老子讲了自然无为的人生哲学，细细读来，颇能启迪人的心灵。

[评析]

老子认为，自然的规律是柔弱不争的。他说，勇气建立在妄为蛮干的基础上，就会遭到杀身之祸；勇气建立在谨慎的基础上，就可以活命。勇与柔相结合，人们就会得到益处，勇与妄为相结合，人们就会遭受灾祸。同样是勇，利与害大相径庭。老子的主张是很明确的，他以为自然之道，贵柔弱，不贵强悍妄为；贵卑下，不贵高上贵重。而自然之道是不可违背的。有人认为老子只注重自然规律，而忽视人的主观因素，

不讲人的主观努力的作用，是在宣扬退缩，胆小怕事的生活态度和命定论的思想。我们不同意这种观点，因为老子所宣扬的是自然规律，人们立身处世不可以违背自然规律，勇而敢是不遵循自然规律的肆意妄为，并不是我们现在所说的勇敢坚强的含义。勇而不敢是顺应自然规律，不以主观意志取代客观实际，并不是懦弱和软弱的代名词。我们同意老子的观点，人类的行为应该是选择后者而遗弃前者。

第七十四章

[原文]

民不畏死，奈何以死惧之。若使民常畏死，而为奇①者，吾得执②而杀之，孰敢？常有司杀者③杀。夫代司杀者④杀，是谓代大匠斫⑤，希有不伤其手者矣。

[译文]

人民不畏惧死亡，为什么用死来吓唬他们呢？假如人民真的畏惧死亡的话，对于为非作歹的人，我们就把他抓来杀掉。谁还敢为非作歹？经常有专管杀人的人去执行杀人的任务，代替专管杀人的人去杀人，就如同代替高明的木匠去砍木头，那代替高明的木匠砍木头的人，很少有不砍伤自己手指头的。

[注释]

①为奇：奇，奇诡、诡异。为奇指为邪作恶的人。

②执：拘押。

③司杀者：指专管杀人的人。

④代司杀者：代替专管杀人的人。

⑤斫（zhuó）：砍、削。

[引语]

这一章讲老子的政治主张。他以为当时统治者施行苛政和酷刑，滥杀百姓，压制民众，其结果是，一旦人民不忍受了，就不会畏惧死亡。人的自然死亡，是从“司杀者杀”的天道掌管的，但人间的君主残暴无道，把人民推向死亡线上，这从根本上悖逆了自然法则。因此，从本章内容看，它是老子对于当时严刑峻法、逼使人民走向死途的情形，提出自己的批评与抗议。

[评析]

有的学者在研究本章时这样写道：“老子经常讲退守、柔顺、不敢为天下先，这是他的手法。他对待起来造反的人民可是不客气，是敢于动刀杀人的。只是他看到用死来吓唬人没有用，所以才说出一句真话：‘民不畏死，奈何以死惧之？’过去有些人为了掩盖老子敌视人民的凶恶形象，故意说老子是不主张杀人的，这是断章取义。”我们的想法是：在本章里，老子指出了人民已经被残暴的统治者压迫得不堪其苦了，死都不怕了，何必还用死来恐吓他们？如果不对人民使用严刑峻法，人民各得其所，安居乐世，就会畏惧死亡。在那种情形下，对于为非作歹之人，把他抓起来杀掉，还有谁再敢做坏事呢？他认为，应该把主观与客观两方面的情况考虑周全，并且采取宽容的政策，不按天道自然办事，草菅人命，就会带来无尽的祸患。仔细理解

老子的本意，他并不是要用残酷的手段随意杀人。尽管在本章里我们见到好几个“杀”字，但并不是要杀害老百姓，这一点还是有必要分辨清楚的。

第七十五章

[原文]

民之饥，以其上食税之多，是以饥。民之难治，以其上之有为①，是以难治。民之轻死，以其上求生之厚②，是以轻死。夫唯无以生为③者，是贤④于贵生⑤。

[译文]

人民所以遭受饥荒，就是由于统治者吞吃赋税太多，所以人民才陷于饥饿。人民之所以难于统治，是由于统治者政令繁苛、喜欢有所作为，所以人民就难于统治。人民之所以轻生冒死，是由于统治者为了奉养自己，把民脂民膏都搜刮净了，所以人民觉得死了不算什么。只有不去追求生活享受的人，才比过分看重自己生命的人高明。

[注释]

①有为：繁苛的政治，统治者强作妄为。

②以其上求生之厚：由于统治者奉养过于丰厚奢侈。

③无以生为：不要使生活上的奉养过分奢侈丰厚。

④贤：胜过、超过的意思。

⑤贵生：厚养生命。

[引语]

上一章里，老子对严苛的政治压迫给予了抨击，要求统治者善待民众。这一章里，老子又对繁重的经济剥削进行指责。在《道德经》里的七十二章、七十四章、本章和七十七章，内容基本上都是对统治者进行无情揭露和严正警告。他认为，宽容的政治，比暴虐的政治要高明得多。因为，一旦人民不畏惧死亡而进行反抗，为求生存而暴动，那样，统治者的日子就不好过下去。

[评析]

老子在这一章里揭示了老百姓与统治者之间的矛盾对抗。从政治上讲，人民的反抗是由统治者的苛政和沉重的租税所引起来的，这是说，剥削与高压是政治祸乱的最实际的原因。老百姓在这种情况面前，只有铤而走险，毫不畏惧死亡。张松如先生说：“本章文显义明，无须诠释。而有的论者，却硬说这是为统治者出谋划策，是骗人的。是的，‘夫唯无以生为者，是贤于贵生’，确实是代统治者设想的说法。可是古代的从事生产的广大民众，如果不是寄希望于其理想中的所谓‘圣人’，难道在复杂的尖锐的阶级斗争的舞台上，还能扮演为独立的主角吗？前述的那些引论者，在这里说老子是为统治者出谋划策，在另一些地方又说老子是新兴的封建制度的对抗者，是势

不两立的。这种随心所欲的评价，岂不是自相矛盾吗？”所以，张松如先生说：“本章揭示了劳动人民与封建统治者之间阶级矛盾的实质：人民的饥荒，是统治者沉重的租税造成的；人民的轻生，是统治者无厌的聚敛造成的。这种说法，当然同贯穿《老子》书中的‘无为’思想相通，可是它岂不也反映了被压迫的人民群众的要求吗？岂不正是作为人民群众主体的广大农民阶级思想的流露吗？”

第七十六章

[原文]

人之生也柔弱①，其死也坚强②。草木③之生也柔脆④，其死也枯槁⑤。故坚强者死之徒⑥，柔弱者生之徒⑦。是以兵强则灭，木强则折⑧。强大处下，柔弱处上。

[译文]

人活着的时候身体是柔软的，死了以后身体就变得僵硬。草木生长时是柔软脆弱的，死了以后就变得干硬枯槁了。所以坚强的东西属于死亡的一类，柔弱的东西属于生长的一类。因此，用兵逞强就会遭到灭亡，树木强大了就会遭到砍伐摧折。凡是强大的，总是处于下位，凡是柔弱的，反而居于上位。

[注释]

①柔弱：指人活着的时候身体是柔软的。

②坚强：指人死了以后身体就变成僵硬的了。

③草木：一本在此之前有“万物”二字。

④柔脆：指草木形质的柔软脆弱。

⑤枯槁：用以形容草木的干枯。

⑥死之徒：徒，类的意思，属于死亡的一类。

⑦生之徒：属于生存的一类。

⑧兵强则灭，木强则折：一本作“兵强则不胜，木强则兵”。

[引语]

这一章以生活中常见的现象，反复说明这样一种观点：柔弱胜刚强。老子向来主张贵柔、处弱，他从直观的认识角度，看到了人初生之时，身体是柔弱的，死了以后就变得坚硬了，草木初生之时也是柔弱的，死了以后就变得枯槁。这种直观的、经验的认识，可以说是老子处弱、贵柔思想的认识论之根源。

[评析]

老子对于社会与人生有着深刻的洞察，他认为世界上的东西，凡是属于坚强者都是死的一类，凡是柔弱的都是生的一类。因此，老子认为，人生在世，不可逞强斗胜，而应柔顺谦虚，有良好的处世修养。我们感到，这一章又一次表达了老子的辩证法思想。这种思想来源于对自然和社会现象的观察和总结。这里，无论柔弱还是坚强，也无论“生之徒”还是“死之徒”，都是事物变化发展的内在因素在发挥作用。这个结论还蕴含着坚强的东西已经失去了生机，柔弱的东西则充满着生机。老子在这一章里所表达的思想是极富智慧的，他以自然和社会现象形象地向人们提出奉告，希望人们不要处处显露突出，不要时时争强好胜。事实上，在现实生活当中，有不少这样的人，这种例子不胜枚举。当然，这也符合老子一贯的思想主张。

第七十七章

[原文]

天之道，其犹张弓与？高者抑下，下者举之，有余者损之，不足者补之。天之道，损有余而补不足。人之道①，则不然，损不足以奉有余。孰能有余以奉天下，唯有道者。是以圣人为而不恃，功成而不处，其不欲见贤②。

[译文]

自然的规律，不是很像张弓射箭吗？弦拉高了就把它压低一些，低了就把它举高一些，拉得过满了就把它放松一些，拉得不足了就把它补充一些。自然的规律，是减少有余的补给不足的。可是社会的法则却不是这样，要减少不足的，来奉献给有余的人。那么，谁能够减少有余的，以补给天下人的不足呢？只有有道的人才可以做到。因此，有道的圣人这才有所作为而不占有，有所成就而不居功。他是不愿意显示自己的贤能。

[注释]

①人之道：指人类社会的一般法则、律例。

②是以圣人为而不恃，功成而不处，其不欲见贤：陈鼓应先生认为这三句与上文不连贯疑为错简复出。此处仍予保留。

[引语]

本章文字透露出一种朦胧的、模糊的平等与均衡思想。这是他的社会思想。他以“天之道”来与“人之道”作对比，主张“人之道”应该效法“天之道”。老子把自然界保持生态平衡的现象归之于“损有余而补不足”，因此他要求人类社会也应当改变“损不足以奉有余”的不合理、不平等的现象，效法自然界的“损有余而补不足”，“损有余以奉天下”，体现了他的社会财富平均化和人类平等的观念。因而，这一章是七十四章、七十五章里“民不畏死，奈何以死惧之”、“民之饥，以其上食税之多”这一思想的继续和发展，表达了老子对统治者推行苛政的痛恨，对老百姓生活艰难困苦的同情。

[评析]

本章主旨是论述“天之道，损有余而补不足；人之道，则不然，损不足以奉有余”。老子出于对自然界和人类社会的观察，认为一切事物，在其相互对立的矛盾中，都具有同一性。张松如指出，“老子把他从自然界得来的这种直观的认识，运用到人类社会，面对当时社会的贫富对立，阶级压迫的不合理现实，他认为‘人之道’也应该好比张弓的‘天之道’那样，‘高

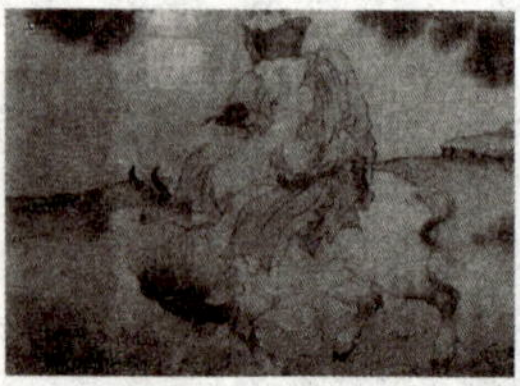

者抑之，下者举之，有余者损之，不足者补之’。这是他的主张，他的愿望。可是，现实怎么样呢？现实是‘人之道，则不然，损不足以奉有余’。”杨兴顺说：“在老子看来，损有余而补不足，这是自然界最初的自然法则——‘天之道’。但人们早

已忘却‘天之道’，代之而建立了人们自己的法则——‘人之道’，有利于富人而有损于贫者，‘天之道’，有利于贫者，给他们带来宁静与和平，而‘人之道’则相反，它是富人手中的工具，使贫者濒于‘民不畏死’的绝境。”胡寄窗说：“老子所以产生这种分配观念，由于他们认为自然规律总是‘损有余而补不足’，因此应该使贫富平均，大家有利。天之道虽主损有余以补不足，但损有余的结果会更增加被损者的利益，因为‘物或损之而益’。由于现实社会是‘损不足以奉有余’，存在领主贵族对劳动人民的压榨，也存在新兴地主阶级与富商大贾的剥削，所以，老子企图以‘天之道’警诫他们，使他们本着自己的利益以遵行天道。他们要求富者能够做到‘常善救人，故人无弃人；常善救物，则物无弃物’。从均富和使人与物都能得到充分利用这一点看来，老子的愿望是好的，但在考虑如何实现这一愿望时，他们并没有提出任何积极的斗争纲领，而是向剥削者说教，妄想他们发善心，这又充分暴露了他们在解决社会现实问题上的软弱无能。”以上诸位学者的观点，基本上找到了老子在“均贫富”问题上的合理之处和症结所在。

第七十八章

[原文]

天下莫柔弱于水，而攻坚强者莫之能胜，以其无以易之①。弱之胜强，柔之胜刚，天下莫不知，莫能行。是以圣人云：“受国之垢②，是谓社稷主；受国不祥③，是为天下王。”正言若反④。

[译文]

遍天下再没有什么东西比水更柔弱了，而攻坚克强却没有什么东西可以胜过水。弱胜过强，柔胜过刚，遍天下没有人不知道，但是没有人能实行。所以有道的圣人这样说：“承担全国的屈辱，才能成为国家的君主，承担全国的祸灾，才能成为天下的君王。”正面的话好像在反说一样。

[注释]

①无以易之：易，替代、取代。意为没有什么能够代替它。

②受国之垢：垢，屈辱。意为承担全国的屈辱。

③受国不祥：不祥，灾难，祸害。意为承担全国的祸难。

④正言若反：正面的话好像反话一样。

[引语]

本章以水为例，说明弱可以胜强、柔可以胜刚的道理。八章说“水善利万物而不争”，本章可与八章的内容联系起来阅读。老子所举水的例子是人们日常生活中常见的。水最为柔弱，但柔弱的水可以穿透坚硬的岩石。水表面上软弱无力，却有任何力量都不能抵挡的力量。这就清楚地说明，老子所讲的软弱、柔弱，并不是通常人们所说的软弱无力的意思。此处，由于水性趋下居卑，因而老子又阐扬卑下屈辱的观念，实际上反而能够保持高高在上的地位，具有坚强的力量。本章后面有一句话：“正言若反”，集中概括了老子辩证法思想，其含义十分深刻、丰富。

[评析]

本章内容主要包括两点：一是对水的赞美；二是“正言若反”。张松如说：“在世界上，弱能胜强，柔能制刚的事例是不乏见的。生活在春秋末年的老子，他亲身经历了这个时代的许多大变化，看到了曾为天下共主的周王朝由盛到衰的演变，这不能不对他的思想产生重大影响；同时，在这个时期，随着铁器的广泛使用，人类在征服自然界的斗争中，对自然现象的认识也在不断发展。”“在更远的时代，水的特点还没有为人们所了解，保留《山海经》中禹治洪水的传说，和老子书中对于水的柔性和作用的认识，是很不相同的。”老子认为，水虽然表面上看来是柔弱卑下的，但它能穿山透石，淹田毁舍，任何坚强的东西都阻止不了它战胜不了它；因此，老子坚信柔弱的东西必能胜过刚强的东西。这里，老子所说的柔弱，是柔中带刚、弱中有强，坚韧无比。所以，对于老子柔弱似水的主张，应该加以深入理解，不能停留在字面上。由此推而言之，老子认为，体道的圣人就像水一样，甘愿处于卑下柔弱的位置，对国家和人民实行“无为而治”。

再说“正言若反”。老子所说“正言若反”是老子

对全书中那些相反相成的言论的高度概括，例如：“大成若缺”、“大盈若冲”、“大直若屈”、“大巧若拙”、“大辩若讷”、“明道若昧”、“进道若退”、“夷道若类”、“上德若谷”、“大白若辱”、“广德若不足”、“建德若偷”、“质真若渝”、“大方无隅”、“大器晚成”、“大音希声”等等。孙中原说：“这里连句子的结构都是类似的。……他们本来是彼此相异的、互相排斥的、对立的，但在某种条件下，某种意义上，表示某种特定事物的概念和它的对方具有了统一性，二者互相包含，

互相融合，互相渗透，彼此同一、一致。这样，在同一个判断中，就包含了对立概念的流动、转化，体现了概念的灵活性。这种灵活性是有条件的，老子中的话也只在一定条件下才有意义。”

第七十九章

[原文]

和大怨，必有余怨；报怨以德①，安可以为善？是以圣人执左契②，而不责③于人。有德司契，无德司彻④。天道无亲⑤，常与善人。

[译文]

和解深重的怨恨，必然还会残留下残余的怨恨；用德来报答怨恨，这怎么可以算是妥善的办法呢？因此，有道的圣人保存借据的存根，但并不以此强迫别人偿还债务。有“德”之人就像持有借据的圣人那样宽容，没有“德”的人就像掌管税收的人那样苛刻刁诈。自然规律对任何人都没有偏爱，永远帮助有德的善人。

[注释]

①报怨以德：许多学者都以为此句原在六十三章内，但据上下文意应在本章内。

②契：契约。

③责：索取所欠。

④司彻：掌管税收的官职。

⑤无亲：没有偏亲偏爱。

[引语]

本章继续讨论“损有余而补不足”的道理，提示为政者不可蓄怨于民，警告统治者不要激化与老百姓之间的矛盾。因为积怨太深，就难以和解，用税赋去榨取百姓，用刑法去箝制百姓，都会构怨于民。所以，为政者应该像有道的圣人那样，行“无为”之治，以“德”化民，给予而不索取，不扰害百姓。这就是“执左契而不责于人”。

[评析]

本章有“圣人执左契，而不责于人”一句，希望人们做有德行善之人，才可能得天道的庇护。因为“天道无亲”，对万事万物都非常公正，并非对哪一物有特别的感情，有德行善之人，他所以得到“天”的帮助，是因为他顺应自然规律的结果，是他自身努力的结果。这是向那些剥削者进行劝说，劝他们积德行善不要扰害百姓，否则会受到自然规律的惩罚。他在本章里特别强调这一点，他说用“德”和解重大的怨仇，这肯定还留下残余的怨恨，

最好的办法，就是不要与人结下怨仇，即要求统治者实行清静无为之政，辅助百姓而不干涉他们；给与百姓而不向他们索取；这样就不会积蓄怨仇，这便是治国行政的上策。

第八十章

[原文]

小国寡民①。使②有什伯之器③而不用；使民重死④而不远徙⑤；虽有舟舆⑥，无所乘之；虽有甲兵⑦，无所陈⑧之。使人复结绳⑨而用之。至治之极。甘美食，美其服，安其居，乐其俗⑩，邻国相望，鸡犬之声相闻，民至老死不相往来。

[译文]

使国家变小，使人民稀少。即使有各种各样的器具，却并不使用；使人民重视死亡，而不向远方迁徙；虽然有船只车辆，却不必每次坐它；虽然

有武器装备，却没有地方去布阵打仗；使人民再回复到远古结绳记事的自然状态之中。国家治理得好极了，使人民吃得香甜，穿得漂亮，住得安适，过得快乐。国与国之间互相望得见，鸡犬的叫声都可以听得见，但人民从生到死，也不互相往来。

[注释]

①小国寡民：小，使……变小，寡，使……变少。此句意为，使国家变小，使人民稀少。

②使：即使。

③什伯之器：各种各样的器具。什伯，意为极多，多种多样。

④重死：看重死亡，即不轻易冒着生命危险去做事。

⑤徙：迁移、远走。

⑥舆（yú）：车子。

⑦甲兵：武器装备。

⑧陈：陈列。此句引申为布阵打仗。

⑨结绳：文字产生以前，人们以绳记事。

⑩甘其食，美其服，安其居，乐其俗：使人民吃得香甜，穿得漂亮，住得安适，过得习惯。

[引语]

这是老子理想中的“国家”的一幅美好蓝图，也是一幅充满田园气息的农村欢乐图。老子用理想的笔墨，着力描绘了“小国寡民”的农村社会生活情景，表达了他的社会政治理想。这个“国家”很小，邻国相望、鸡犬之声相闻，大约相当于现在的一个村庄，没有欺骗和狡诈的恶行，民风淳朴敦厚，生活安定恬淡，人们用结绳的方式记事，不会攻心斗智，也就没有必要冒着生命危险远徙谋生。老子的这种设想，当然是一种幻想，是不可能实现的。

[评析]

小国寡民是老子所描绘的理想社会，它反映了中国古代社会自给自足的生活方式。老子幻想着回复到没有压迫、没有剥削的原始社会时代，在那里，没有剥削和压迫，没有战争和掠夺，没有文化，也没有凶悍和恐惧。这种单纯的、质朴的社会，实在是古代农村生活理想化的描绘。胡寄窗说：“我们研究老子小国寡民思想，要分析产生这种理想的阶级根源、时代因素以及其所企图要

解决的问题。所谓小国寡民是针对背后当时的广土众民政策而发的。他认为广土众民政策是一切祸患的根源。做到小国寡民便可以消弭兼并战争，做到'虽有甲兵，无所陈之'；便可以避免因获取物质资料而酿成社会纷扰的工艺技巧，'使有什伯之器而不用'，便可以取消使民难治的智慧，而用结绳以记事的方法来代替；便可能使人安于俭朴生活，不为奢侈的嗜欲所诱惑，便可以使人民重死而远徙，以至老死不相往来，连舟车等交通工具都可一并废除。他不了解，广土众民政策是社会生产力发展到一定水平时，新的生产关系要求一个全国统一的地主政权这一历史任务在各大国的政策上的反映。但是老子"忘记了在'有什伯之器而不用'的原始'乐园'中，并没有甘食美服，也没有代他们生产甘食美服的被剥削的人。老子尽管在世界观上是唯物主义的，而在社会观上特别是在经济问题的看法上却陷入于唯心主义的幻想。"这个批评是中肯的。老子面对急剧动荡变革的社会现实，感到一种失落，便开始怀念远古蒙昧时代结绳记事的原始生活，这是一种抵触情绪的发泄。晋朝时陶渊明写了一篇传诵至今的名篇《桃花源记》，应该讲，此文显

然受到老子八十章内容的影响。这是一个美丽的幻想，同时也表达了他对社会黑暗的不满，反映了人民摆脱贫困和离乱的愿望。在这一点上，老子和陶渊明的思想是一脉相承的。

第八十一章

[原文]

信言①不美，美言不信。善者②不辩③，辩者不善。知者不博④，博者不知。圣人不积⑤，既以为人己愈有⑥，既以与人己愈多⑦。天之道，利而不害⑧。圣人之道⑨，为而不争。

[译文]

真实可信的话不漂亮，漂亮的话不真实。善良的人不巧说，巧说的人不善良。真正有知识的人不卖弄，卖弄自己懂得多的人不是真有知识。圣人是不存占有之心的，而是尽力照顾别人，他自己也更为充足；他尽力给予别人，自己反而更丰富。自然的规律是让万事万物都得到好

处，而不伤害它们。圣人的行为准则是，做什么事都不跟别人争夺。

[注释]

①信言：真实可信的话。

②善者：言语行为善良的人。

③辩：巧辩、能说会道。

④博：广博、渊博。

⑤圣人不积：有道的人不自私，没有占有的欲望。

⑥既以为人己愈有：已经把自己的一切用来帮助别人，自己反而更充实。

⑦多：与“少”相对，此处意为“丰富”。

⑧利而不害：使万物得到好处而不伤害万物。

⑨圣人之道：圣人的行为准则。

[引语]

本章是《道德经》的最后一章，应该是全书正式的结束语。本章采用了与九章、十章、十五章、二十章、三十三章、四十五章、六十四章、七十六章相类似的格言警句的形式，前三句讲人生的主旨，后两句讲治世的要义。本章的格言，可以作为人类行为的最高准则，例如信实、讷言、专精、利民和不争。

[评析]

本章一开头提出了三对范畴：信与美，善与辩，知与博，这实际上是真假、美丑、善恶的问题。老子试图说明某些事物的表面现象和其实质往往并不一致。这之中包含有丰富的辩证法思想，是评判人类行为的道德标准。按照这三条原则，以“信言”、“善行”、“真知”来要求自己，做到真、善、美在自身的和谐。按照老子的思想，就是重归于“朴”，回到没有受到伪诈、智巧、争斗等世俗的污染之本性。张松如说：“世界上的事物多种多样，社会现象更是十分复杂，如果单单认定‘信言’都是不美的，‘美言’都是不信的；‘知者’都是不博的，‘博者’都是不知的，这就片面了。不能说世界上真、善、美的事物永远不能统一，而只能互相排斥。只知其一，不知其二，那就不免始于辩证法而终于形而上学。”对此，我们倒认为，没有必要从字面上苛求老子，否则就会偏离或曲解老子的原意。其实，在日常生活中，人们也往往这么说：“忠言逆耳”、“良药苦口”。听到这些话后，大概很少有人去钻牛角尖，反问：难道忠言都是逆耳的吗？难道良药都是苦口的吗？所以，老子的这些警句并不存在绝对化的问题。